Global-Leadership

Markus Hofer

Global-Leadership

Zukunftsfähige Führung in einer vernetzten Welt

 Springer Gabler

Markus Hofer
Graz, Österreich

ISBN 978-3-662-70571-1   ISBN 978-3-662-70572-8 (eBook)
https://doi.org/10.1007/978-3-662-70572-8

Die Deutsche Nationalbibliothek verzeichnet diese Publikation in der Deutschen Nationalbibliografie;
detaillierte bibliografische Daten sind im Internet über https://portal.dnb.de abrufbar.

Planung/Lektorat: Mareike Teichmann
Springer Gabler ist ein Imprint der eingetragenen Gesellschaft Springer-Verlag GmbH, DE und ist ein
Teil von Springer Nature.
Die Anschrift der Gesellschaft ist: Heidelberger Platz 3, 14197 Berlin, Germany

Wenn Sie dieses Produkt entsorgen, geben Sie das Papier bitte zum Recycling.

Vorwort

Liebe Leser,

die Welt, in der wir heute leben, ist im Jahr 2024 vernetzter und komplexer als je zuvor. Als ich vor über 20 Jahren erste Erfahrungen als Global-Leader sammelte, wurde mir schnell klar, dass Globalisierung nicht nur ein Schlagwort ist, sondern eine Realität, die unser tägliches Handeln prägt. Heute kommt man an der Globalisierung nicht mehr vorbei. So hat uns die COVID-19-Pandemie drastisch vor Augen geführt, wie eng wir global miteinander verbunden sind und wie wichtig es ist, global zu denken und zu handeln.

In den vergangenen Jahren hatte ich das Privileg, als Global-Leader und Coach über 100 Führungskräfte auf ihrem Weg zum Global-Leader zu begleiten und zudem über 100 Senior Global-Leader aus verschiedenen Kontinenten und Branchen zu interviewen. All diese Erfahrungen gepaart mit Studien und den Ansichten zahlreicher Experten haben maßgeblich zu diesem Buch beigetragen. Es ist das Ergebnis vieler Jahre der Beobachtung, der intensiven Gespräche und auch des Verwerfens von Gedanken und Modellen, um letztlich ein Werk zu schaffen, das die Komplexität des globalen Leaderships erfasst.

Global-Leader zu sein, ist eine unglaublich bereichernde Erfahrung. Es dient nicht nur der persönlichen Entwicklung, sondern öffnet auch Türen zu neuen Welten und Perspektiven. Dennoch habe ich erkannt, wie herausfordernd es ist, in einer immer komplexer werdenden Welt als Global-Leader erfolgreich zu sein. Während der Zugang zur Globalisierung immer einfacher wird, steigt gleichzeitig die Komplexität der globalen Zusammenhänge – eine diametrale Entwicklung, der wir entsprechend begegnen müssen.

Der Bedarf, Global-Leader zu entwickeln, ist heute stärker denn je und wird auch in Zukunft noch stärker werden. Organisationen brauchen mehr Global-Leader. Jedoch investieren Unternehmen häufig zu wenig in die Aus- und Weiterbildung in diesem Bereich, obwohl es ein langer Prozess ist, sich zu einem Global-Leader zu entwickeln – ein Prozess, der einen Startpunkt braucht und immer wieder neue Impulse erfordert.

Global-Leader finden sich auf allen Ebenen einer Organisation – sie müssen nicht zwangsläufig eine formale Hierarchieposition innehaben. Beispiele hierfür sind Expatriates, Projektmanager, Produktmanager oder Vertriebsmitarbeiter. Dieses Buch richtet sich daher an all jene, die bereits global tätig sind oder es werden wollen. Doch es ist nicht nur für Sie gedacht – nutzen Sie es, um auch die Führungskräfte in Ihrem Team zu echten Global-Leadern zu entwickeln. Geben Sie es im Team weiter und nutzen Sie die vorgestellten Modelle, Theorien und praktischen Beispiele als Grundlage für Ihr gemeinsames Handeln.

Sie lesen dieses Buch, weil Sie Global-Leadership für sich anwenden möchten und große Veränderungen im globalen Kontext umsetzen wollen oder müssen. Das vorliegende Werk ist kein weiteres Strategiebuch des Monats, kein todsicherer Garant für Erfolg und keine theoretische Abhandlung, sondern basiert auf praktischen Erfahrungen vieler Senior Global-Leader, auf realen Weisheiten und teilweise zeitlosen Wahrheiten.

Es soll Ihnen als Anstoß dienen und Ihnen einen Überblick über die Transformation zum Global-Leader verschaffen. Egal, ob Sie gerade am Flughafen auf Ihren Anschlussflug warten, in der Hotellobby im Ausland sitzen oder einfach nur zu Hause oder im Urlaub sind – das Buch ist schnell gelesen und bietet Ihnen wertvolle Einblicke. Sie werden rasch einen guten Überblick über das Thema gewinnen und zu einem späteren Zeitpunkt immer wieder auf einzelne Kapitel zurückgreifen können.

Ich freue mich, dass Sie sich auf diese Reise zum Global-Leader begeben und ich Sie dabei ein Stück begleiten darf. Lassen Sie uns gemeinsam die Herausforderungen und Chancen erkunden, die Global-Leadership mit sich bringt. Möge dieses Buch Ihnen dabei helfen, neue Perspektiven zu gewinnen und Ihre Fähigkeiten als Global-Leader zu entwickeln.

Herzlichst, Ihr

Graz, Österreich   Markus Hofer
Oktober 2024

Inhaltsverzeichnis

Abbildungsverzeichnis

Tabellenverzeichnis

1

Globale Dynamiken im Wandel

Zusammenfassung Globalisierung ist heute allgegenwärtig. Tagtäglich nutzen wir Produkte von Unternehmen wie Apple, Google und Nestlé, die bereits vor langer Zeit damit begonnen haben, ihre Produkte und Dienstleistungen global anzubieten. Immer mehr Unternehmen folgen dem Trend der Globalisierung und die Exportquoten vieler Länder steigen seit Jahren. Dabei nehmen jedoch auch die Herausforderungen deutlich zu. Die Pandemie, der Ukrainekrieg und andere globale Ereignisse der letzten Jahre haben die Schwächen und Anfälligkeit der globalen Lieferketten und damit der Globalisierung aufgezeigt. Dennoch bleibt die Globalisierung ein Megatrend. Unternehmen und Führungskräfte müssen sich auf eine Welt einstellen, die zunehmend komplexer und unberechenbarer wird. Global-Leadership wird dabei zu einer besonderen Herausforderung.

1.1 Unsere Welt in Zeiten von BANI

Heute denkt man kaum noch über Globalisierung und eine vernetzte Welt nach – dieses Phänomen ist längst zur Selbstverständlichkeit geworden: als eine der scheinbar positiven Seiten der digitalen Vernetzung und des grenzüberschreitenden Arbeitens. Ohne bewusst an die Vorteile der Globalisierung zu denken, bestellen wir Produkte bei Temu oder Shein (zwei chinesische Onlineshops) und lassen uns diese in Europa zu uns nach Hause liefern. Digitale Produkte, meist SaaS(Software-as-a-Service)-Lösungen aus den USA, begleiten unser Leben. Großteils bleibt es uns dabei verborgen, wo diese Produkte entstanden sind oder von wo aus sie operieren. Selten machen wir uns die Mühe und studieren das entsprechende Impressum, um auf einen Blick Informationen zum Unternehmen hinter der SaaS-Lösung zu erhalten. Doch die Globalisierung hat mittlerweile deutlich stärkere Züge angenommen. Haben Sie sich für den Kauf oder das Leasing eines neuen Automobils, beispielsweise den neuen BMW iX3, entschieden, findet dessen Herstellung nicht etwa in Deutschland statt, sondern erfolgt ausschließlich im Werk in Shenyang in China, von wo aus BMW die Autos nach Deutschland liefert [1].

Ähnliches stellt man seit Jahren bei Apple fest. „Designed in California, assembled in China" ist hierbei seit vielen Jahren auf den meisten Apple-Produkten zu lesen.

Globalisierung ist heute die Norm und für viele Unternehmen bereits tägliche Praxis.

1.1.1 Historie der Globalisierung

Globalisierung ist längst kein Phänomen der jüngsten Vergangenheit und wurde nicht erst etwa durch das Internet möglich. Vielmehr reichen ihre Anfänge bis ins 15. Jahrhundert zurück, eine Epoche, die von vielen Wissenschaftlern heute als die Entdeckung der Globalisierung bezeichnet wird. Getrieben von den führenden Nationen Spanien, Portugal, Frankreich und Großbritannien wurde dabei vorwiegend Rohstoffhandel mit anderen Nationen durchgeführt.

Diese erste Welle der Globalisierung, die bis 1914 stattfand, war geprägt durch die britische Dominanz in Geografie und Technologie [2]. Großbritannien führte die erste industrielle Revolution an, worauf eine massive Ausweitung des globalen Handels folgte. Dampfschiffe und Züge ermöglichten dabei den Transport von Waren über große Entfernungen. Die Industrialisierung steigerte die Produktion von gefragten Gütern wie etwa Eisen und Textilien und der weltweite Handel wuchs durchschnittlich um 3,00 % pro Jahr. Die Exporte stiegen bis zum Ersten Weltkrieg von 6,00 % auf 14,00 % des globalen Bruttoinlandprodukts (BIP). Globale Investitionen ermöglichten zudem den Bau von Infrastrukturprojekten wie dem Suezkanal – eine heute noch bedeutende Verbindung zwischen Europa und Asien. Zwischen 12,00 % und 15,00 % des weltweiten Handels werden heute über diesen Kanal abgewickelt [3].

Aber auch andere Länder wie Argentinien und Uruguay profitierten durch den Export von Fleisch dank neuer Technologien wie dem Kühlschiff. Die Globalisierung brachte jedoch auch negative Folgen mit sich. Darunter die Kolonialisierung Afrikas und die wirtschaftliche Ausgrenzung großer Länder wie Indien und China. Viele Arbeiter in den Industrieländern litten unter den Folgen der Industrialisierung, da ihre Arbeit durch Maschinen ersetzt oder von billigeren Importen unterboten wurde.

Die beiden Weltkriege ließen die Globalisierung daraufhin erstmals schrumpfen. Gegen Ende des Zweiten Weltkriegs lag der weltweite Handel bereits unter 5,00 % des globalen BIP.

Nach dem Zweiten Weltkrieg begann unter der Führung der USA und durch Technologien der zweiten industriellen Revolution wie dem Auto und dem Flugzeug eine neue Phase der Globalisierung. Anfangs war der Welthandel dabei aber durch den Eisernen Vorhang geteilt. Erst mit dessen Fall im Jahr 1989 wurde die Globalisierung zu einem globalen Phänomen. Institutionen wie die Europäische Union und die World Trade Organization (WTO), gegründet 1995, förderten sogenannte Freihandelsabkommen, was zu einem Anstieg der internationalen Handelsaktivitäten führte. Die Einführung des Internets als Teil der dritten industriellen Revolution beschleunigte daraufhin diese Entwicklung noch weiter. Das Internet ermöglichte die globale Integration der Wertschöpfungsketten. In den 2000er-Jahren machten Exporte etwa ein Viertel des weltweiten BIP aus. Viele Länder profitierten davon, ihre Wirtschaft durch den globalen Handel zu erweitern. Diese Ära führte zu einem Wachstum der globalen Mittelschicht und hob Millionen von Menschen in diesen Status.

Seit der Finanzkrise im Jahr 2008 sind wir in der heutigen Welle der Globalisierung angekommen. Zwei große Nationen haben sich in den letzten Jahren als regelrechte Weltmächte positioniert: die USA und

China. Die Digitalisierung und damit verbundene technologische Revolutionen wie das Internet, künstliche Intelligenz und Big Data prägen seitdem die Stellung von Weltmächten und treiben die Globalisierung voran.

Europa hält in diesem Zusammenhang noch stark dagegen. Die Eidgenössische Technische Hochschule Zürich (ETH Zürich) ermittelt jährlich einen Globalisierungsindex. Um diesen zu berechnen, fließen zahlreiche Parameter ein, darunter [4]

- ökonomische Faktoren
- soziale Faktoren
- politische Faktoren.

Ökonomische Faktoren
- internationaler Handel mit Waren
- internationaler Handel mit Dienstleistungen
- Verteilung der Handelspartner
- ausländische Investitionen
- internationale Kredite und Einkünfte
- Steuern auf internationalen Handel und Zolltarife
- Restriktionen in Bezug auf Investitionen

Soziale Faktoren
- internationaler Sprachverkehr
- Reisen
- internationaler Tourismus
- Migration
- internationale Studenten
- diverse Faktoren der Internetnutzung (Datenverkehr, Anteil der Bevölkerung mit Zugang zum Internet)
- internationale Patente
- diverse kulturelle Aspekte wie Freiheit der Menschen, Handel mit persönlichen Dienstleistungen

Politische Faktoren
- Anzahl der Botschaften
- Vertretung von internationalen Organisationen
- internationale Verträge
- Vielfalt der Vertragspartner

Seit 1970 erhebt die ETH Zürich Daten von insgesamt 203 Ländern. Die Aggregation dieser Daten ergibt einen Index, der von 0 bis 100 reicht. Dabei zeigt sich trotz der Stellung der Weltmächte USA und China ein sehr eindeutiges Bild: Die europäischen Länder stellen immer noch die Spitze der Globalisierung dar, wie in Abb. 1.1 dargestellt [5]. Sie sind es, die aufgrund der langen Historie der Globalisierung sowohl politisch als auch sozial und ökonomisch über die notwendigen Voraussetzungen verfügen.

Nach der letzten Datenerhebung im Jahr 2021 liegen die USA aktuell auf Platz 25 und China auf Rang 79 [5].

1.1.2 BANI und die Auswirkungen

Lange Zeit war das Wissen über die Auswirkungen auch kleinerer Ereignisse auf den Welthandel nur den Einkäufern von Unternehmen vorbehalten. Ein Unternehmen aus China beispielsweise lieferte nicht rechtzeitig, da ein lokaler Streik die Produktion stilllegte. Einkäufer diverser anderer Unternehmen waren zum Teil auf diese Situation vorbereitet und hatten alternative Lieferanten in ihrem Portfolio. Wiederum andere Unternehmen hatten kritische Teile vorrätig, wodurch sie auch wenige Wochen Lieferverzug überbrücken konnten. Der Endkunde war davon meist wenig betroffen.

Spätestens seit dem Ausbruch der Coronapandemie im Jahr 2020 wurde weltweit vielen Menschen bewusst, wie verkettet und globalisiert die Welt geworden ist. Einerseits führten Lieferverzüge aus China zu Produktionsausfällen, andererseits kam es bei vielen Produkten zu einer erhöhten Nachfrage. Bis zu dem Zeitpunkt galt zwar, dass die Welt VUCA sei, aber die Auswirkungen waren nur für die wenigsten nachvoll-

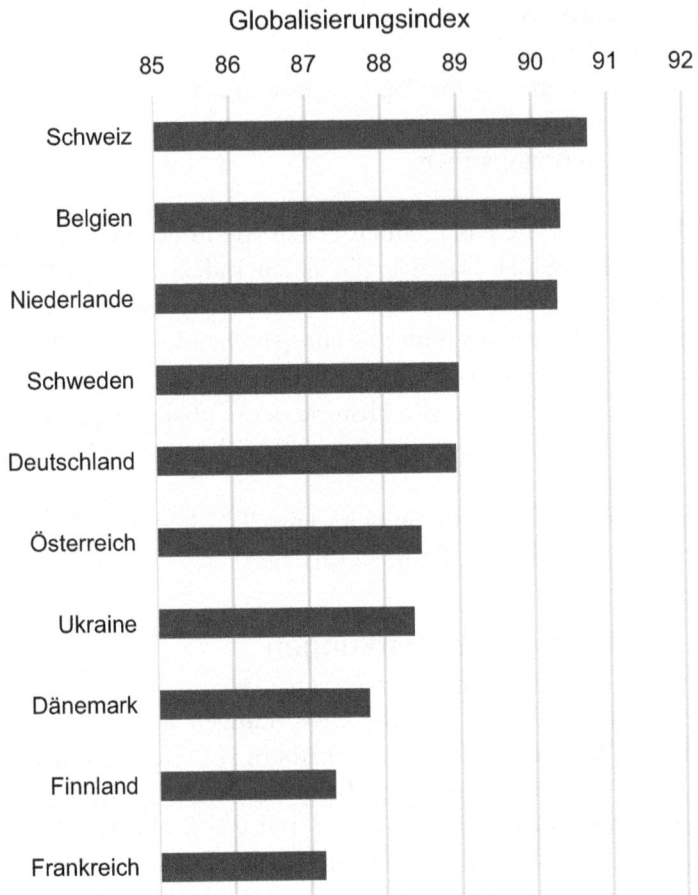

Abb. 1.1 Globalisierungsindex. (Quelle: Savina et al.)

ziehbar. VUCA war und ist das Akronym für Volatility (Volatilität), Uncertainty (Unsicherheit), Complexity (Komplexität) und Ambiguity (Mehrdeutigkeit). Mit diesen Eigenschaften konnte bereits vor der Pandemie die Welt beschrieben werden.

Volatilität: Das Marktumfeld ändert sich umfassend und häufig. Der Aufstieg des elektronischen Handels und des Onlineshoppings hat große Auswirkungen auf den traditionellen stationären Handel.

Ungewissheit:	Wie sich die Zukunft entwickelt, ist wenig vorhersehbar. Denken Sie zum Beispiel daran, wie unsicher das Hotelgewerbe während der Pandemie war. Abriegelungen, Reisebeschränkungen und veränderte Kundengewohnheiten machten die Vorhersage der Nachfrage zur Herausforderung. Eine langfristige Planung für Hotels und Restaurants war nicht möglich.
Komplexität:	Komplexität zeigt, wie kompliziert und vernetzt Organisationen und Märkte heute sind. In der Automobilindustrie zum Beispiel müssen die Hersteller mit komplizierten Lieferketten und vielen Lieferantenebenen, globaler Logistik und komplizierten Produktionsprozessen umgehen.
Mehrdeutigkeit:	Wenn etwas nicht klar ist oder auf mehr als eine Weise verstanden werden kann, liegt Mehrdeutigkeit vor. Denken Sie zum Beispiel an ein Unternehmen, das in einen neuen ausländischen Markt expandieren möchte. Dort gelten andere kulturelle Normen und Geschäftspraktiken als auf dem heimischen Markt.

Mit der Pandemie und dessen Ende im Mai 2023 laut der World Health Organization (WHO) wurde deutlich, dass die Welt noch mehr ist als VUCA. Ein neues Akronym beschäftigt seither die Unternehmen – BANI: ein Modell, mit dem deutlich wird, dass unsere Welt auch in Zeiten der aufstrebenden Digitalisierung und dem scheinbar exponentiellen Wachstum mancher Unternehmen vermehrt mit Ausbrüchen von Kriegen und Unruhen konfrontiert ist.

BANI steht für Brickle (brüchig), Anxiety (ängstlich), Non-Linear (nicht linear) und Incomprehensible (unverständlich).

Brüchig:	Obwohl sie robust erscheinen, sind viele Systeme und Strukturen heute anfällig. So können beispielsweise globale Lieferketten unterbrochen werden. Jüngste Ereignisse wie eine Pandemie oder ein geopolitischer Konflikt, beispielsweise der Krieg in der Ukraine, veranschaulichen dies.

Ängstlich:	Angesichts der Informationsflut und des 24/7-Nachrichtenzyklus sind die Gesellschaften mit einem erhöhten Maß an Ängsten konfrontiert. Soziale Medien verbinden die Menschen zwar, verstärken dieses Phänomen aber oft noch. Fake News, also das Verbreiten von Falschnachrichten, trägt ebenso dazu bei.
Nicht linear:	Traditionelle Ursache-Wirkungs-Paradigmen gelten nicht mehr. Kleine Störungen können aufgrund der vernetzten Systeme übergroße Auswirkungen haben.
Unverständlich:	Angesichts der Informationsflut und ihrer Komplexität wird es immer schwieriger, die Welt um uns herum zu verstehen. Denken Sie zum Beispiel an die Feinheiten des globalen Finanzwesens oder die Nuancen des Klimawandels.

Beide Akronyme, VUCA und BANI, nutzen als Grundlage das Verständnis der Welt als ein chaotisches System. Diese Betrachtung ist naheliegend, da ein chaotisches System aus einer Vielzahl von Elementen besteht, die miteinander in Beziehung stehen. Jede Veränderung eines Elements kann dabei Auswirkungen auf das gesamte System haben. In chaotischen Systemen bleibt jedoch häufig keine Zeit, Dinge zu analysieren und zu verstehen. Entscheidungen müssen getroffen und durchgesetzt werden. Danach muss das System beobachtet und auf die sich ergebenden Auswirkungen der Änderungen reagiert werden, so auch damals während der Pandemie.

1.1.3 Zukunft einer globalen Welt

Die Pandemie war längst nicht das einzige Beispiel in jüngster Vergangenheit, das uns vor Augen geführt hat, wie brüchig unser System eigentlich ist. Auch wenn es das wohl einprägsamste war. Der zu Beginn des Kapitels erwähnte Suezkanal, über den 12,00 % bis 15,00 % des Welthandels erfolgt, war im März 2021 durch ein Schiff blockiert. Das Containerschiff Ever Given, eines der größten seiner Art, lief im Suezkanal auf Grund. Die Ursachen dafür waren starker Wind und möglicherweise menschliches Versagen. Die gesamte Wasserstraße war dabei für mehrere Tage blockiert. Diese Blockade verursachte einen Rückstau mit über 400 betroffenen Schiffen, die auf die Durchfahrt warteten. Erhebliche Verzögerungen und Umleitungen waren die Folge [3].

Die finanziellen Auswirkungen waren enorm. Schätzungen dazu belaufen sich auf etwa 9,6 Mrd. US$ täglich, eine Summe, die sich aus Kosten durch Lieferverzögerungen, höhere Frachtpreise und zusätzliche Treibstoffkosten aufgrund der erforderlichen Umleitung der Schiffe zusammensetzt. Die Blockade beeinträchtigte darüber hinaus die Verfügbarkeit von Containern weltweit, was auch zu einem Anstieg der Frachtkosten führte. Branchen, die auf Just-in-time-Lieferketten angewiesen sind, waren dabei besonders betroffen, da die Verzögerungen in weiterer Folge Produktionsstopps und Lieferengpässe nach sich zogen. Die Blockade des Suezkanals diente erneut als Weckruf für Unternehmen weltweit, ihre Risikomanagementpraktiken zu überdenken und Maßnahmen zu ergreifen, um Lieferketten widerstandsfähiger gegenüber unerwarteten Störungen zu machen [6].

Ein aktuelles Beispiel, dessen Auswirkungen noch unklar sind, finden wir in der künstlichen Intelligenz (KI). Basis für die KI sind Mikroprozessoren, die für die rechenintensiven Aufgaben der KI notwendig sind. Heute, Mitte 2024, hält ein Unternehmen – NVIDIA – einen Anteil von 80,00 % im Markt der KI-Mikroprozessoren [7]. Der rasante Anstieg jener Anwendungen, die auf KI basieren, hat das Unternehmen damit, bezogen auf die Marktkapitalisierung, innerhalb weniger Jahre auf Platz 3 verholfen – knapp hinter Apple und Microsoft, aber noch vor Google, Amazon und Meta (Facebook) [8].

Die Pandemie, die Blockade des Suezkanals, der Krieg in der Ukraine und viele andere Ereignisse der letzten Jahre hinterlassen Spuren in der kollektiven Wahrnehmung der Globalisierung. Zunehmend gerät diese in Kritik und die Rufe nach einer Reduktion der globalen Abhängigkeiten werden lauter. Vordenker der globalen Wirtschaft gehen jedoch davon aus, dass auch diese Ereignisse nicht ausreichen werden, um die Globalisierung nachhaltig zu schwächen [9].

Zu vernetzt scheinen die Unternehmen und Nationen. Gerade der Exportweltmeister Deutschland zeigt, dass eine Wirtschaft ohne den Aspekt der Globalisierung verheerende Folgen haben könnte, da rund 38,00 % des deutschen BIP im Jahr 2023 über Exporte generiert wurden. Zum

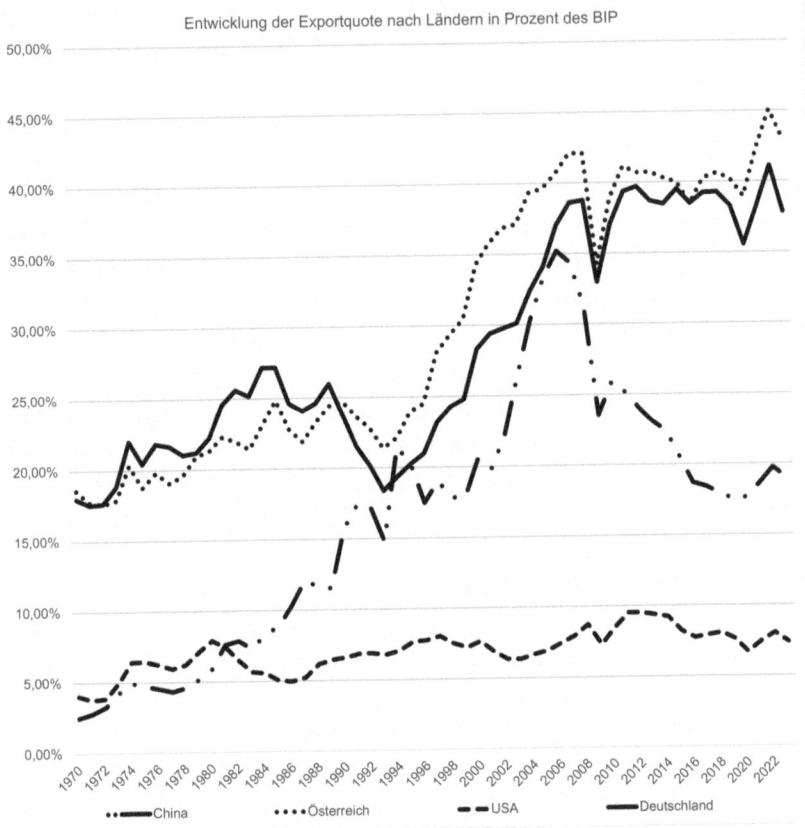

Abb. 1.2 Entwicklung der Exportquote nach Ländern in Prozent des Bruttoinlandprodukts. (Quelle: United Nations of Trade Development)

Vergleich: In den USA beträgt der Anteil des Exports am Bruttoinlandsproukt (BIP) im selben Zeitraum lediglich 7,00 %, wie in Abb. 1.2 dargestellt [10].

Zu stark ist auch das Interesse, insbesondere der europäischen Unternehmen, an ihrem Wachstum festzuhalten. Aufgrund der geografischen Beschränkung am Heimatmarkt sind diese dazu gezwungen, auch weiterhin Exporte durchzuführen. Während sich dies umsatzfördernd auswirkt, zwingen globale Unterschiede in der Kostenstruktur Unternehmen darüber hinaus auch weiterhin, Waren und Dienstleistungen aus dem Ausland zu importieren, wenngleich auch europäische Firmen zuletzt zahlreiche gegenläufige Aktivitäten, wie etwa die Verlagerung der Produktion von Waren aus Asien nach Osteuropa, unternommen haben. Die Türkei verzeichnete beispielsweise aus diesem Grund eine Verdoppelung des Exportvolumens im Zeitraum zwischen 2010 und 2023 (114 Mrd. US$ in 2010 zu 256 Mrd. US$ in 2023) [10].

Die Zukunft hinsichtlich der Globalisierung und was diese letztendlich für Global-Leader bedeutet, ist schwer vorhersehbar. Konzepte wie BANI zeigen, dass Systeme anfällig sind, weshalb wir uns auf Parameter wie die Relevanz des Exports für eine Nation berufen. Aus diesem Grund suchen wir uns auch andere Indikatoren, für die es Prognosen gibt, um auch immer im Kontext des Buches Ableitungen für einen Global-Leader zu treffen: für Sie als Leser und als jemand, der vielleicht heute bereits Teil der Globalisierung im beruflichen Kontext ist – Teil im Sinne der Verantwortung von global agierenden Einheiten und Funktionen in einer Organisation. Eine Ableitung für Global-Leader als Rückschluss für globale Aktivitäten ist neben den zuvor genannten auch die Prognose in Bezug auf internationale Geschäftsreisen. Denn trotz des Trends hin zu einer steigenden Anzahl von Remote Meetings bleibt die Zunahme der Geschäftsreisen ein starker Indikator für die fortschreitende Globalisierung. Betrachtet man den Markt der Geschäftsreisen, so zeigen auch viele Prognosen mit durchschnittlichen Wachstumswerten von rund 11,00 % pro Jahr in Bezug auf das Umsatzvolumen einen deutlichen Anstieg in den nächsten Jahren, der sich wesentlich größer darstellt als jener aus der Prognose der Weltwirtschaft gesamt mit rund 3,00 % [11, 12].

Das liegt mitunter auch daran, dass jenen Branchen, die sehr von der Interaktion mit Menschen leben, ein Wachstum prognostiziert wird. Dazu zählen die Beratungsbranche, die Finanzbranche und alle Vertriebsfunktionen.

Es ist anzunehmen, dass die Globalisierung auch in Zukunft ein wichtiges Element für Unternehmen und ganze Nationen sein wird, denn allein der Wohlstand vieler Länder, der erst durch die Globalisierung entstanden ist, stellt für diese Nationen in diesem Zusammenhang ein heiliges Gut dar.

Für Führungskräfte in Unternehmen bedeutet dies weiterhin, sich auf globale Gegebenheiten einzustellen und sich auf die Rolle als Global-Leader vorzubereiten.

1.2 Megatrend Globalisierung

Neben den verschiedenen Prognosen, die einen quantitativen Ausblick auf die Zukunft der Globalisierung geben, sind auch die qualitativen Ergebnisse von Zukunftsforschern bedeutend. Diese beschäftigen sich umfassender mit der Thematik und schaffen es, die unzähligen Abhängigkeiten der Welt als System darzustellen und daraus Schlussfolgerungen abzuleiten. Die Ergebnisse dieser Ableitungen werden beispielsweise am Zukunftsinstitut, das bekannteste Zukunftsforschungsinstitut im deutschsprachigen Raum, als Megatrends dargestellt.

> Ein **Megatrend** meint einen umfassenden, langfristigen Wandel, der tiefgreifende Auswirkungen auf nahezu alle Bereiche der Gesellschaft hat. Diese Entwicklungen sind global, strukturell und nachhaltig und beeinflussen somit unsere Art zu leben, zu arbeiten und zu interagieren.

Megatrends setzen nicht nur Trends in spezifischen Sektoren, sondern prägen darüber hinaus ganze Kulturen und Wirtschaftssysteme über Jahrzehnte hinweg. Dabei stellt ein Megatrend nicht nur eine kurzfristige Modeerscheinung dar, sondern eine grundlegende Veränderung, die sich über mindestens 25 bis 50 Jahre erstreckt.

Zu den bekanntesten Megatrends zählen die Urbanisierung und die Digitalisierung. Während die Urbanisierung das Wachstum von Städten und Metropolregionen beschreibt, revolutioniert die Digitalisierung die Art und Weise, wie wir kommunizieren und arbeiten. Beide Megatrends sind anhaltende Trends und werden unser Leben auch in den nächsten Jahrzehnten noch stark beeinflussen. Ein weiterer bedeutender Megatrend ist der demografische Wandel, der durch die Alterung der Bevölkerung und die Verschiebung der globalen Bevölkerungsdynamik verursacht wird.

Die Globalisierung als Megatrend steht in enger Beziehung zu diesen Entwicklungen und beeinflusst sie zugleich. Sie beschreibt die zunehmende Verflechtung der Weltwirtschaft, der Kulturen und der politischen Systeme. An dieser Stelle hilft uns erneut die Systemtheorie dabei, den Einfluss dieser verschiedenen Elemente auf das Gesamtsystem zu verstehen.

Neben der Urbanisierung und der Digitalisierung gibt es noch eine Vielzahl anderer Trends, die eben diese Globalisierung forcieren. Trends, die für sich betrachtet wiederum Auswirkungen auf andere Trends haben.

Im Jahr 2015 war die Bevölkerung in Europa Zeuge einer Flüchtlingswelle, deren Ausmaß unsere Generation zuvor noch nie erlebt hatte. Mehr als 1,3 Mio. Asylanträge wurden in europäischen Staaten gestellt, was verglichen mit dem Jahr 2013 eine Verdreifachung bedeutet. Dabei sind Menschen aus Syrien, Afghanistan, dem Irak und anderen Ländern aufgrund der anhaltenden, teils kriegerischen Umstände nach Europa geflohen [13], um für sich und ihre Familien langfristig eine Existenz in sicherer Umgebung aufzubauen. Viele davon sind mittlerweile am Arbeitsmarkt angekommen. Eine ähnliche Situation sehen wir seit dem Ausbruch des russischen Angriffskrieges im Februar 2024 in der Ukraine, durch den seither 6,5 Mio. Menschen aus der Ukraine in andere europäische Länder fliehen mussten [14]. Die Welt wächst enger zusammen. Globale Migration ist demnach längst kein isoliertes Phänomen einzelner Staaten, sondern gelebte Praxis.

Das Wissen um globale Migration und die reine Möglichkeit, in anderen Staaten zu leben und zu arbeiten, lassen eine „Generation Global" entstehen. So nutzen Studenten vieler Fachrichtungen heute beispielsweise die Möglichkeit, Erfahrung im Ausland zu sammeln. Verschiedene Programme von Hochschulen, darunter in Europa das bekannte Erasmus-Programm, ermöglichen es den Studierenden dabei, über einen begrenzten Zeitraum das Studium an einer ausländischen Universität fortzusetzen. Allein in den Jahren 2017 bis 2022 ist die Zahl jener Studenten, die dieses Programm genutzt haben, kumulativ um 42,00 % gestiegen [15].

> Studienprogramme wie diese bereiten unsere junge Generation auf eine globale Welt vor: darauf, andere Perspektiven einzunehmen, andere Länder und Kulturen zu erleben und kulturelle Intelligenz zu entwickeln.

Die Digitalisierung als großer Treiber der Globalisierung hat es erst möglich gemacht, dass viele Menschen mittlerweile ausschließlich remote arbeiten. Während dennoch die meisten Menschen weltweit tagtäglich direkt vor Ort im Unternehmen beschäftigt sind, arbeiten immer mehr sogenannte Remote Worker von zu Hause aus (oder in der Lokalität ihrer

Wahl). Prognosen gehen davon aus, dass sich die Zahl der Remote Worker in den nächsten Jahren deutlich erhöhen wird. Ein Grund dafür ist die Digitalisierung und die damit verbundene Möglichkeit, Jobs vollständig digital auszuführen. Sind es im Jahr 2024 noch 73 Mio. solcher Jobs, wird sich diese Zahl bis zum Jahr 2030 um 25,00 % auf 92 Mio. steigern [16].

Betrachten wir den Aspekt der Globalisierung aus der Perspektive der Staaten und ihrer aktuellen sowie zukünftigen Beziehungen: Der internationale Handel in der Vergangenheit und dessen Prognosen zeigen hierbei deutlich, dass die Globalisierung zunehmen wird. Waren es in der Vergangenheit und sind es bis heute vorwiegend europäische Staaten, die stark vom Export leben, ist die Welt dabei, sich zu verändern. So hat etwa China, lange Zeit als die verlängerte Werkbank der europäischen und amerikanischen Unternehmen wahrgenommen, eine eigene Identität gefunden und sich von der Produktion der Welt hin zu eigenen Innovationen, eigenen Produkten und einem global betrachtet überdurchschnittlichen Wirtschaftswachstum entwickelt. Die Zahl der jährlich neu angemeldeten Patente in China als Beispiel ist vom Jahr 2000 bis zu 2022 um 5889,00 % Prozent gestiegen, während Deutschland im selben Zeitraum lediglich einen Anstieg um 16,00 % verzeichnen kann [17]. Kein anderes Land kann heute derart viele Patentanmeldungen pro Jahr vorweisen. Dabei ist es wenig überraschend, dass China in vielen Branchen bereits technologisch entweder global führend oder zumindest eine Bedrohung für etablierte Wirtschaftszweige anderer Länder darstellt. Die jüngste Entwicklung der Elektromobilität ist ein prominentes Beispiel. War noch vor einigen Jahren Deutschland als die Automobilnation schlechthin bekannt, wurde diese in nur wenigen Jahren durch die verkauften Elektroautos von Tesla von den USA abgelöst. Wieder nur wenige Jahre später hat aktuell China mit dem Hersteller BYD die weltweite Führung übernommen – kein anderer Hersteller produziert und verkauft derzeit mehr Elektroautos. Dabei geht BYD erstmals den Schritt der Globalisierung und lässt zunächst in Ungarn und anschließend in der Türkei Produktionswerke in Europa entstehen. Das Beispiel BYD zeigt, dass die Globalisierung für China erst begonnen hat und dabei eine Transformation vom Auftragsfertiger hin zum globalen Akteur vollzieht. Dabei unterstützt China als Nation ihre Unternehmen, indem zig Mrd. US$ jährlich in den Ausbau der neuen Seidenstraße – eine Handelsroute, um China mit Europa und Afrika zu verbinden – investiert werden. Analysten gehen davon aus, dass Investitionen in der Höhe von 8 Bill. US$ notwendig sein werden, um dieses Projekt zu realisieren [18].

China hat zudem nicht nur in Europa mit BYD bereits Fuß gefasst, sondern ist auch in anderen Ländern auf anderen Kontinenten aktiv. So hat die Volksrepublik bereits vor einigen Jahren damit begonnen, afrikanische Länder mit Direktinvestitionen beim Aufbau der notwendigen Infrastruktur zu unterstützen. Dies geschieht mitunter als vorbereitende Maßnahme für chinesische Unternehmen, um deren Produkte und Dienstleistungen auch in Afrika anbieten zu können. Von 2010 bis 2022 hat China dabei rund 43 Mrd. US$ und damit deutlich mehr als jede andere Nation in Afrika investiert – etwa die USA im Vergleichszeitraum lediglich rund 17 Mrd. US$ [19]. Tatsachen wie diese sind es, die die Trendforscher dazu veranlassen, der Volksrepublik China eine stärkere Bedeutung beizumessen. Das Zukunftsinstitut bezeichnet den Trend rund um China als „Rise of China" („Der Aufstieg von China") und als „New Asian Era" („Neue asiatische Ära"). Letztere inkludiert dabei auch andere asiatische Länder wie Indien, das heute deutlich aktiver am Welthandel beteiligt ist als noch vor wenigen Jahren [20].

Als Reaktion auf die „New Asian Era" verlagern seither vor allem europäische – und dabei überwiegend Unternehmen aus osteuropäischen Ländern wie der Türkei – sowie amerikanische Unternehmen ihre Produktion weg von China. Es ist ein Trend der Regionalisierung, der in Unternehmen demnach zurzeit stattfindet und dabei die wesentliche Frage aufwirft, ob sich der Welthandel in Zukunft wieder stärker regionalisieren wird. Aus Sicht von China folgt darauf wohl weniger Zustimmung, dafür eher aus der europäischen und US-amerikanischen Perspektive.

> Zusammenfassend ist Globalisierung damit kein Phänomen der Jahrtausendwende, sondern aktiver denn je zuvor. Der langfristige Blick in die Zukunft zeigt, dass Globalisierung ein anhaltender Trend ist, indem sich etablierte Pfade, wie der Handel mit China, mit zum Teil atemberaubender Geschwindigkeit ändern. Global-Leadership wird damit deutlich komplexer und für die Unternehmen relevanter, unabhängig davon, ob man in China nun die Globalisierungsmaßnahmen mitverantwortet oder Global-Leader in Europa oder den USA ist.

1.3 Stufen der Globalisierung in Unternehmen

Der Weg in die USA eines deutschen Anlagenbau-Unternehmens

Ein deutsches Unternehmen im Anlagenbaubereich war bereits seit vielen Jahren erfolgreich am deutschsprachigen Markt tätig. Neben dem DACH-Raum wurden auch bereits andere Märkte in Europa bedient. Kunden aus verschiedenen Branchen vertrauten dabei auf die hochtechnologischen Lösungen des Anlagenbauers. Durch internationale Messeauftritte wurden auch potenzielle Kunden aus den USA auf den deutschen Anlagenbauer aufmerksam, woraufhin sich erste Verkaufserfolge einstellten und das Unternehmen damit begann, Anlagen in die USA zu liefern. Weitere gelegenheitsorientierte Exporte folgten. Mit zunehmender Kundenbasis eröffnete das Unternehmen daraufhin ein weiteres Büro in Atlanta/Georgia in den USA und entsandte erste Vertriebsmitarbeiter von Deutschland in die USA. Ein dort aufgebautes lokales Vertriebsteam strukturierte den Vertrieb, woraufhin weitere Vertriebserfolge verbucht werden konnten. Erst nach einigen erfolgreichen Projekten und einer stabilen Kundenbasis wurde die Organisation in den USA um zusätzliche Disziplinen erweitert. Direktinvestitionen waren die Folge, woraufhin eine Serviceorganisation aufgebaut wurde und sich die operative Wertschöpfung von Deutschland in die USA verlagerte.

Das Unternehmen in den USA entwickelte sich innerhalb von 5 Jahren zu einem eigenständigen Unternehmen. Dasselbe Vorgehen wurde anschließend in anderen Ländern und Regionen wiederholt.

Diese und ähnliche Vorgehensweisen durfte ich in den vergangenen Jahren begleiten und verantworten. Die über 100 Gespräche mit den Geschäftsführern und leitenden Angestellten zahlreicher Unternehmen aus allen Kontinenten zeigten ein ähnliches Vorgehen.

1.3.1 Uppsala-Modell

Das Uppsala-Modell ist wohl eines der ältesten Modelle der Globalisierung. Johanson und Vahle beschrieben und veröffentlichten dieses bereits in den 1970er-Jahren sehr genau. Beide skizzierten darin die Globalisierung als schrittweisen Prozess, der auf wachsender Markterfahrung und zunehmender Ressourceneinbindung basiert. Das Modell, entwickelt an der schwedischen Universität in Uppsala, trägt seitdem den Namen Uppsala-Modell [21]. Unternehmen sammeln zunächst Erfahrung am Heimatmarkt, bevor sie mit dem Export beginnen, während der Export selbst dann einem linearen Prozess folgt, in dem die einzelnen nachstehenden Schritte selten übersprungen werden:

1. Gelegenheitsgetriebene Exporttätigkeit
2. Export über unabhängige Vertreter
3. Gründung einer Vertriebsniederlassung
4. Direktinvestitionen

1. Gelegenheitsgetriebene Exporttätigkeit

In der 1. Phase beginnen Unternehmen häufig mit gelegentlichen Exporten in nahe gelegene oder kulturell ähnliche Länder. Dieser Schritt ist häufig opportunistisch und wenig formalisiert, da Unternehmen versuchen, erste Auslandserfahrungen zu sammeln und das Risiko zu minimieren.

Beispiel

Ein deutsches mittelständisches Unternehmen beginnt, seine Produkte nach Österreich oder in die Schweiz zu exportieren, da diese Märkte geografisch nah und kulturell ähnlich sind. Dieser Schritt erfordert wenig Kapital und ermöglicht es dem Unternehmen, erste Erfahrungen im Auslandsgeschäft zu sammeln.

---

2. Export über unabhängige Vertreter

Mit zunehmender Erfahrung und Erfolg im Exportgeschäft beginnen diese Unternehmen daraufhin, ihre Aktivitäten zu strukturieren. Sie arbeiten häufig mit unabhängigen Handelsvertretern oder Vertriebspartnern im Zielland zusammen, um ihre Marktdurchdringung zu erhöhen. Diese Vertreter verfügen über lokales Marktwissen und Netzwerke, die dem Unternehmen helfen, seine Produkte effektiver zu verkaufen.

> **Beispiel**
>
> Das deutsche Unternehmen beginnt, mit einem lokalen Handelsvertreter in Frankreich zusammenzuarbeiten. Dieser Vertreter versteht den französischen Markt, hat bestehende Geschäftsbeziehungen und kann das Unternehmen bei der Navigation durch die lokalen Vorschriften unterstützen.

3. Gründung einer Vertriebsniederlassung

In der 3. Phase gründen Unternehmen eigene Vertriebsniederlassungen im Ausland. Dieser Schritt erfordert mehr Ressourcen und Engagement, bietet jedoch auch mehr Kontrolle über den Vertrieb und den Kundensupport. Die Präsenz einer eigenen Niederlassung signalisiert auch dem Markt und den Kunden das langfristige Engagement des Unternehmens.

> **Beispiel**
>
> Nachdem das deutsche Unternehmen in Frankreich erfolgreich war, beginnt es, eine eigene Vertriebsniederlassung in Paris zu eröffnen. Diese Niederlassung arbeitet eng mit der Zentrale in Deutschland zusammen, um die Verkaufsstrategie zu steuern und den Kundensupport zu verbessern.

4. Direktinvestitionen

In der letzten Phase investieren Unternehmen in die Gründung von Produktionsstätten oder vollständigen Tochtergesellschaften im Zielland, was eine tiefere Marktintegration und die Anpassung der Produkte an lokale Bedürfnisse ermöglicht. Dies stellt den kostspieligsten und risikoreichsten Schritt dar, der zugleich aber auch die größten Vorteile in Bezug auf Marktanteile und Einfluss bietet.

> **Beispiel**
>
> Das deutsche Unternehmen könnte letztendlich beschließen, eine Produktionsstätte in China zu eröffnen, um die Nachfrage auf dem asiatischen Markt zu decken. Dies würde nicht nur Transportkosten reduzieren, sondern auch eine bessere Anpassung der Produkte an lokale Präferenzen ermöglichen.

Trotz der langen Historie ist dieses Modell das nach wie vor beherrschende in der Globalisierung, wobei jedoch nahe liegt, dass es auch seine Grenzen hat. Die Art und Form der Branchen veränderten sich in der Vergangenheit stark. Neue Modelle berücksichtigen diese Entwicklung, um beispielsweise der Digitalisierung und den damit verbundenen Branchen gerecht zu werden. Zu den Modellen mit der größten Verbreitung zählen:

- Born-Global-Modell
- Netzwerk-Ansatz
- Lebenszyklus-Modell

1.3.2 Born-Global-Modell

Dieser lineare Prozess stellt heute noch in vielen Branchen ein gängiges Vorgehensmodell dar. Kritisch an der Stelle ist jedoch, dass der lineare Prozess heute auf eine nicht lineare Welt trifft.

Die letzten Jahre in der Unternehmenslandschaft waren geprägt von Start-ups. Junge Unternehmen, die mit revolutionären Ideen von Beginn an den globalen Markt als Zielmarkt definieren und dabei vor allem softwarebasiert auftreten und deren Kern des Geschäftsmodells eine SaaS -Lösung ist. Bezogen auf den Umsatz hat sich dieser Markt von 2016 zu 2023 mehr als vervierfacht [23], ein Wachstum, das mit einer jährlichen Wachstumsrate von 19,00 % bis ins Jahr 2029 noch weiter voranschreiten wird [24].

Das rasante Aufstieg dieser Unternehmen in den vergangenen Jahren verschaffte vielen davon innerhalb weniger Jahre eine Milliardenbewertung, wodurch sich diese zu sogenannten Unicorns entwickelten und somit das Abbild eines nicht linearen Wachstums in einer nicht linearen Welt darstellen. Mittels des linearen Uppsala-Modells wäre dies in der Geschwindigkeit nicht möglich gewesen, weshalb sich diese Unternehmen von Beginn an dem „Born-Global-Modell" verschrieben haben [22]. Dabei verfolgen längst nicht ausschließlich Softwareunternehmen dieses Modell, sondern auch Unternehmen aus den Branchen E-Commerce, Biotechnologie, Elektronik und weitere wenden sich diesem zu. Eines der bekanntesten und am schnellsten wachsenden Unternehmen dieser Art ist der chinesische Mode-Onlinehändler Shein. Während Shein im Jahr 2016 noch von einem Umsatz von lediglich 0,6 Mrd. US$ berichtete, erreichte das Unternehmen im Jahr 2023 bereits 32,5 Mrd. US$ [25], stieg damit zum zweitgrößten Modehändler der Welt auf und ließ auf diesem Weg bekannte Marken wie H&M hinter sich. Prognosen gehen davon aus, dass Shein mit einem neuerlichen Umsatzzuwachs im Jahr 2024 selbst den weltweit größten Modehändler – Inditex – übertreffen und damit selbst zum größten Modehändler der Welt werden könnte.

Die Globalisierung von Unternehmen findet sich in vielen einzelnen Strategien wieder. Dennoch ist es in jedem spezifischen Fall für jedes Unternehmen ein komplexer Prozess, der von der obersten Führungsebene gesteuert wird und dabei einem strukturierten Modell folgt.

Die Notwendigkeit der Globalisierung ist dabei sehr differenziert.

1.3.3 Notwendigkeit der Globalisierung

Der häufigste Grund eines Globalisierungsvorhabens von Unternehmen ist nach wie vor die Expansion in neue Märkte als Teil einer Wachstumsstrategie. Neue Länder oder ganze Regionen werden erschlossen – entweder aufgrund der limitierten Größe des Heimatmarktes oder einer größeren Globalisierungsoffensive. Vor allem Unternehmen kleinerer Länder müssen früher den Schritt ins Ausland wagen, was sich auch in der oben angeführten Statistik der Exporte zeigt. Die Schweiz, Belgien, Niederlande, aber auch Österreich und Dänemark sind hierbei in den Top Ten der Exportweltmeister vertreten. Für die Unternehmen sind diese Länder in Bezug auf den verfügbaren Markt mit größtenteils weniger als 10 Mio. Einwohnern zu klein, was auch ein Grund dafür ist, warum größere Nationen wie die USA oder China keine derart hohen Exportquoten aufweisen. Eine Ausnahme der großen europäischen Länder stellt hier Deutschland dar.

Neben dem geplanten Umsatzwachstum ist der 2. Grund, der hinter der Globalisierung eines Unternehmens stecken kann, jener der Kostenvorteile. Die geringeren Produktionskosten in China oder generell im asiatischen Raum haben viele Unternehmen aus Europa und den USA genutzt, um ihre eigenen Kosten zu senken, wodurch sich China über viele Jahre hinweg als Produktionsstätte der Welt etabliert hat. Durch vernetzte Lieferketten ist es längst nicht mehr nur großen Unternehmen vorbehalten, ihre Waren in China produzieren zu lassen, sondern auch junge und damit kleine Unternehmen nutzten in der Vergangenheit die Möglichkeit der kostengünstigen Produktion. Störungen in Lieferketten der letzten Jahre, gestiegene Produktions- und Transportkosten sowie die zunehmende Individualisierung der Produkte veranlassten viele Unternehmen jedoch, die Produktion wieder nach Europa zu verlagern. Dabei stellt vor allem die zunehmende Individualisierung einen komplexen Umstand dar. Durch die zunehmend individuelleren Wünsche der Käufer und den damit verbundenen kürzeren Produktionszyklen sind dabei auch kürzere Lieferzeiten notwendig. Diese können nur realisiert werden, wenn die Produktion im nahe gelegenen Ausland stattfindet, und nicht im weit entfernten China. Dennoch wurde am Ziel der Globalisierung seitens der Unternehmen festgehalten und deren Produktion nur selten an die Firmenzentrale zurückverlagert.

Der Fachkräftemangel befeuert die Globalisierung zusätzlich. Vor allem in größeren Unternehmen gilt der Grundsatz längst nicht mehr, dass sich alle Talente zwingend am Standort der Zentrale befinden müssen, stattdessen werden Standorte dort entwickelt, wo Talente vorhanden sind. Vor allem der Hightech-Bereich dient als anschauliches Beispiel dafür. Ich habe selbst zahlreiche Globalisierungsvorhaben aus diesen Gründen initiiert und geleitet. Standorte wurden dazu in Polen, Kroatien, Spanien und vielen anderen Ländern entwickelt, um lokale Talente zu gewinnen. Unternehmen wie WorkMotion, Velocity Global oder Oyster haben dies bereits als Kern ihres Business-Modells implementiert. Dabei unterstützen sie Unternehmen in der Globalisierung und der lokalen Gewinnung von Talenten.

Sind die Ursachen für Globalisierung bereits sehr divers, so gestaltet sich zudem auch die Umsetzung äußerst komplex, was mit ein Grund dafür ist, warum viele Globalisierungsvorhaben sowohl von kleinen als auch von multinationalen Unternehmen scheitern.

1.3.4 Wenn Globalisierungsversuche scheitern

Die möglichen Ursachen für das Scheitern von Globalisierungsvorhaben sind zu vielschichtig und an dieser Stelle eine Statistik zu entwickeln, würde den Rahmen dieses Buches sprengen. Dennoch kann festgehalten werden, dass häufig kulturelle Dimensionen dafür verantwortlich sind.

Beispielsweise wurden andere Länder und deren Kultur zu Beginn des Globalisierungsvorhabens nicht korrekt eingeschätzt, da entweder zuvor keine ausreichende Recherche betrieben oder ein One-size-fits-all-Gedanke etabliert wurde. Dies bedeutet, dass ein und dasselbe Modell bestehend aus Prozessen, Produkten, Dienstleistung und Strukturen auf alle Länder angewandt wurde. Einer der bekanntesten Fälle des Scheiterns eines Globalisierungsvorhabens war jener von Walmart, ein Handelsunternehmen aus den USA.

Walmart ist eine der größten Marken der Welt. Als aber das Unternehmen 1997 in den deutschen Markt eintrat, führte eine fehlgeschlagene Marktforschung zu einem desaströsen Scheitern.

Walmart kaufte bestehende Filialen von Wertkauf und Interspar auf, um seine Kette in Deutschland zu etablieren. Die Standorte waren dabei allerdings nicht an das öffentliche Verkehrsnetz angebunden, weshalb diese von den Kunden nur mit dem Auto erreicht werden konnten. Deutschland verfügt jedoch über ein ausgezeichnetes öffentliches Verkehrssystem und die Fahrt zu einer Filiale entsprach für die deutschen Staatsbürger demnach nicht ihrem üblichen Muster. Erschwerend kam hinzu, dass Walmart weltweit für preisgünstiges Einkaufen bekannt war. Die deutschen Kunden profitierten aber bereits von den niedrigen Preisen der bestehenden Filialen von Aldi, Lidl und anderen Discountern. Außerdem ist der Lebensstandard in Deutschland sehr hoch, sodass die Verbraucher in der Regel bereit sind, mehr für höhere Qualität zu bezahlen [26].

Zum Abschluss

Die Welt ist heute ein aus vielen Elementen bestehendes System, die miteinander verbunden sind. Der Trend der Globalisierung setzt sich ungebrochen fort. Unternehmen vieler Branchen stehen ab einer bestimmten Größe vor der Notwendigkeit, den unternehmerischen Schritt ins Ausland zu wagen. Vor allem für Führungskräfte ist es dabei nach wie vor eine große und von hoher Komplexität geprägte Herausforderung, diesen Schritt erfolgreich zu beschreiten.

Literatur

1. Auto motor sport (2023) Von wegen Europa, diese Autos sind „Made in China". https://www.auto-motor-und-sport.de/verkehr/elektroautos-eu-marken-produktion-china/. Zugegriffen: 09. August 2024
2. World Economic Forum (2019) A brief history of globalization. https://www.weforum.org/agenda/2019/01/how-globalization-4-0-fits-into-the-history-of-globalization/. Zugegriffen: 09. August 2024
3. Tagesschau (2024) Warenverkehr durch Suezkanal hat sich fast halbiert. https://www.tagesschau.de/wirtschaft/huthi-suez-kanal-frachtmenge-100.html#:~:text=Über%20den%20Suezkanal%20werden%20zwölf,Seeverbindung%20zwischen%20Europa%20und%20Asien. Zugegriffen: 09. August 2024
4. Eidgenössische Technische Hochschule Zürich (2023) 2023 Globalisation Index: Structure, variables and weights. https://ethz.ch/content/dam/ethz/special-interest/dual/kof-dam/documents/Globalization/2023/KOFGI_2023_structure.pdf. Zugegriffen: 09. August 2024
5. Savina et al. (2019) The KOF Globalisation Index – Revisited. Review of International Organizations, 14(3), 543–574. https://doi.org/10.1007/s11558-019-09344-2
6. Ozkanlisoy Ö, Akkartal E (2022) The effect of Suez Canal blockage on supply chains. Maritime Faculty Journal 14:51–79. https://doi.org/10.18613/deudfd.933816
7. Minnesota Public Radio (2024) What you need to know about Nvidia and the AI chip arms race. https://www.marketplace.org/2024/03/08/what-you-need-to-know-about-nvidia-and-the-ai-chip-arms-race/. Zugegriffen: 09. August 2024
8. CompaniesMarketcap.com (2024) Largest Companies by Market Cap. https://companiesmarketcap.com/eur/. Zugegriffen: 09. August 2024
9. World Economic Forum (2022) Here's why globalization is here to stay. https://www.weforum.org/agenda/2022/04/globalization-decline-ukraine-war/. Zugegriffen: 09. August 2024
10. United Nations Trade & Development (2024) Data centre – Merchandise: Total trade and share, annual. https://unctadstat.unctad.org/datacentre/#. Zugegriffen: 10. August 2024
11. The Brainy Insights (2024) Business Travel Market Size by Service (Business Activity, Food & Lodging and Transportation), Industry (Corporate and Government), Traveller (Group and Solo), Regions, Global Industry Analysis, Share, Growth, Trends, and Forecast 2023 to 2032. https://www.the-

brainyinsights.com/report/business-travel-market-13914#:~:text=The%20 global%20Business%20Travel%20market,10.82%25%20from%20 2023%20to%202032. Zugegriffen: 10. August 2024

12. Statista (2024) Growth of the global gross domestic product (GDP) from 1980 to 2023, with forecasts until 2029. https://www.statista.com/statistics/273951/growth-of-the-global-gross-domestic-product-gdp/. Zugegriffen: 10. August 2024

13. European Asylum Support Office (2016) Latest asylum trends – 2015 overview. https://euaa.europa.eu/sites/default/files/public/LatestAsylumTrends20151. pdf. Zugegriffen: 10. August 2024

14. UNHCR (2024) UKRAINE EMERGENCY. https://www.unrefugees.org/ emergencies/ukraine/. Zugegriffen: 10. August 2024

15. Publications Office of the European Union (2023) European Commission, Directorate-General for Education, Youth, Sport and Culture, Erasmus+ annual report 2022. https://data.europa.eu/doi/10.2766/211791

16. World Economic Forum (2024) More and more jobs can be done from anywhere. What does that mean for workers?. https://www.weforum.org/ agenda/2024/01/remote-global-digital-jobs-whitepaper/#:~:text=The%20 rise%20of%20global%20digital%20jobs,-The%20Rise%20of&text=Rising%20and%20falling%20job%20expectations,25%25%20to%20 around%2092%20million. Zugegriffen: 10. August 2024

17. World Intellectual Property Organization (2024) WIPO IP Statistics Data Center. https://www3.wipo.int/ipstats/ips-search/search-result?type=IPS&selectedTab=patent&indicator=10&reportType=13&fromYear=1980&toYear=2022&ipsOffSelValues=&ipsOriSelValues=AF,AL,DZ,AD,AO,AG,AR,AM,AU,AT,AZ,BS,BH,BD,BB,BY,BE,BZ,BJ,BT,BO,BQ,BA,BW,BR,BN,BG,BF,BI,CV,KH,CM,CA,CF,TD,CL,CN,HK,MO,CO,KM,CG,CK,CR,CI,HR,CU,CW,CY,CZ,CS,KP,CD,DK,DJ,DM,DO,EC,EG,SV,GQ,ER,EE,SZ,ET,EU,FJ,FI,FR,GA,GM,GE,DD,DE,GH,GR,GD,GT,GN,GW,GY,HT,VA,HN,HU,IS,IN,ID,IR,IQ,IE,IL,IT,JM,JP,JO,KZ,KE,KI,KW,KG,LA,LV,LB,LS,LR,LY,LI,LT,LU,MG,MW,MY,MV,ML,MT,MH,MR,MU,MX,FM,MC,MN,ME,MA,MZ,MM,NA,NR,NP,NL,AN,NZ,NI,NE,NG,NU,MK,NO,OM,PK,PW,PA,PG,PY,PE,PH,PL,PT,QA,KR,MD,RO,RU,RW,KN,LC,VC,WS,SM,ST,SA,SN,RS,SC,SL,SG,SX,SK,SI,SB,SO,ZA,SS,SU,ES,LK,SD,SR,SE,CH,SY,TJ,TH,TL,TG,TO,TT,TN,TR,TM,TV,UG,UA,AE,GB,TZ,US,UY,UZ,VU,VE,VN,YE,YU,ZR,ZM,ZW&ipsTechSelValues=910. Zugegriffen: 10. August 2024

18. Council on Foreign Relations (2023) China's Massive Belt and Road Initiative. https://www.cfr.org/backgrounder/chinas-massive-belt-and-road-initiative. Zugegriffen: 10. August 2024
19. Johns Hopkins University (2024) Chinese FDI in Africa Data Overview. http://www.sais-cari.org/s/FDIData_April2024-mcpk.xlsx. Zugegriffen: 10. August 2024
20. Zukunftsinstitut GmbH (2023) Megatrend Globalisierung. https://25114941. fs1.hubspotusercontent-eu1.net/hubfs/25114941/Trendradar%20 Globalisierung_A4.pdf?utm_campaign=MTanwenden&utm_medium= email&_hsenc=p2ANqtz-_OLHZ4M2PD1pUOIBw28cFNUJZ-9Bx9DHQ7vEWr4Bf21kmzuuKMoSGoW5KeKyODCG3BY3n_ SYnQHtUt6BTn7Klby6e9aJipbwXpa5SsUmyjf3XCisE&_hsmi= 82651203&utm_content=82651203&utm_source=hs_automation. Zugegriffen: 10. August 2024
21. Johanson, J., Vahlne, J.-E. (2009). The Uppsala Internationalization Process Model Revisited: From Liability of Foreignness to Liability of Outsidership. Journal of International Business Studies, 40(9), 1411–1431.
22. Romero E, Durst S, Navarro Garcia A (2023) Rethinking internationalization processes: toward a circular framework. Review of Managerial Science. https://doi.org/10.1007/s11846-023-00719-9
23. statista (2024) Public cloud application services/software as a service (SaaS) end-user spending worldwide from 2015 to 2025. https://www.statista. com/statistics/505243/worldwide-software-as-a-service-revenue/. Zugegriffen: 10. August 2024
24. statista (2024) Software as a Service – Worldwide. https://www.statista.com/ outlook/tmo/public-cloud/software-as-a-service/worldwide. Zugegriffen: 10. August 2024
25. The Studio (2024) Shein Revenue and Usage Statistics (2024). https://www. businessofapps.com/data/shein-statistics/. Zugegriffen: 10. August 2024
26. Forbes (2018) Lost in Translation: Why Walmart And So Many Other U.S. Retailer Failed Overseas. https://www.forbes.com/sites/warrenshoulberg/2018/05/04/lost-in-translation-why-walmart-and-so-many-other-u-s-retailers-fail-when-they-go-overseas/. Zugegriffen: 10. August 2024

2

Herausforderung für Global-Leader

Zusammenfassung Globalisierung als Megatrend drängt viele Unternehmen dazu, den Schritt in andere Länder zu wagen. Dies geschieht entweder durch den gezielten Aufbau von Niederlassungen oder durch Merges&Acquisitions-Aktivitäten. Dabei werden sie von zahlreichen Herausforderungen begleitet, wodurch immer noch eine große Anzahl der Unternehmen an Globalisierungsvorhaben scheitert. Die wesentlichsten Hürden werden im folgenden Kapitel beschrieben: Führung, Distanz, Change-Management, Organisation, Technologie, Kultur und Mindset. Das Wissen über die Ursachen dieser Herausforderungen ist für Global-Leader relevant, da jede Herausforderung das Risiko des Scheiterns in sich trägt. Global-Leader müssen geeignete Strategien entwickeln, um diese Risiken erfolgreich zu managen.

2.1 Führung

Führungskräfte nehmen in Unternehmen eine tragende Rolle ein. Sie sorgen mit ihren Teams für die operative Umsetzung der zu liefernden Produkte und Leistungen, während sie zeitgleich Strategien zur Weiterentwicklung des Unternehmens entwickeln und umsetzen. Beides in

Kombination stellt eine große Verantwortung dar, welche die Führungskräfte in Unternehmen tragen. Um dieser bestmöglich zu begegnen, schaffen diese rund um ihr Team ein Umfeld, in dem ihre Mitarbeiter produktiv tätig sein können. Dadurch geben sie Richtung und lenken die Geschicke des Unternehmens. Mit ihrer fachlichen Expertise unterstützen sie darüber hinaus Mitarbeiter in der Erreichung ihrer Ziele, wobei deren persönliche Ziele mit den Unternehmenszielen abzustimmen sind. Ein ständiger Balanceakt, der viel Kraft und Ausdauer erfordert, um sowohl die Unternehmensziele zu erreichen oder sogar zu übertreffen als auch engagierte, motivierte und zufriedene Mitarbeiter im Unternehmen zu führen.

Das Gallup-Institut führt seit 2005 global in über 160 Ländern jedes Jahr eine Umfrage zur Mitarbeiterzufriedenheit durch. Die Ergebnisse dieser Umfrage werden zur besseren Interpretation in Kategorien eingeteilt:

- Mitarbeiter, die engagiert sind,
- Mitarbeiter, die unzufrieden sind und
- Mitarbeiter, die aktiv unzufrieden sind [1].

Aktiv unzufriedene Mitarbeiter sind nicht nur unglücklich bei der Arbeit, sondern auch verärgert darüber, dass ihre Bedürfnisse nicht erfüllt werden, und lassen ihrer Unzufriedenheit auch freien Lauf. Jeden Tag untergraben diese Mitarbeiter dabei potenziell die Ziele ihrer Kollegen. Das Bild der letzten 10 Jahre über das Engagement von Mitarbeitern in den Unternehmen im DACH-Raum ist dabei verheerend, vor allem die Entwicklung der aktiv unzufriedenen Mitarbeiter, wie in Abb. 2.1 dargestellt.

Nicht nur, dass sich das Engagement nur unwesentlich verändert hat, es liegt zudem auf einem sehr niedrigen Niveau. So sind zum Beispiel im Jahr 2022 in Deutschland gemäß der Gallup-Studie nur 15,70 % der Mitarbeiter engagiert, 68,70 % hingegen unzufrieden und weitere 15,60 % darüber hinaus aktiv unzufrieden. Zu ähnlichen Ergebnissen kamen beispielsweise auch Ernst & Young (EY), auch wenn diese die Ergebnisse weiter differenzierten. Demgemäß sind nur 24,00 % der Arbeitnehmer zufrieden, wohingegen bei Führungskräften diese Quote bei 45,00 % liegt [2].

Die Veränderungen der Welt von VUCA über BANI addieren zur eigentlichen Komplexität der Führung noch einen bedeutenden Parame-

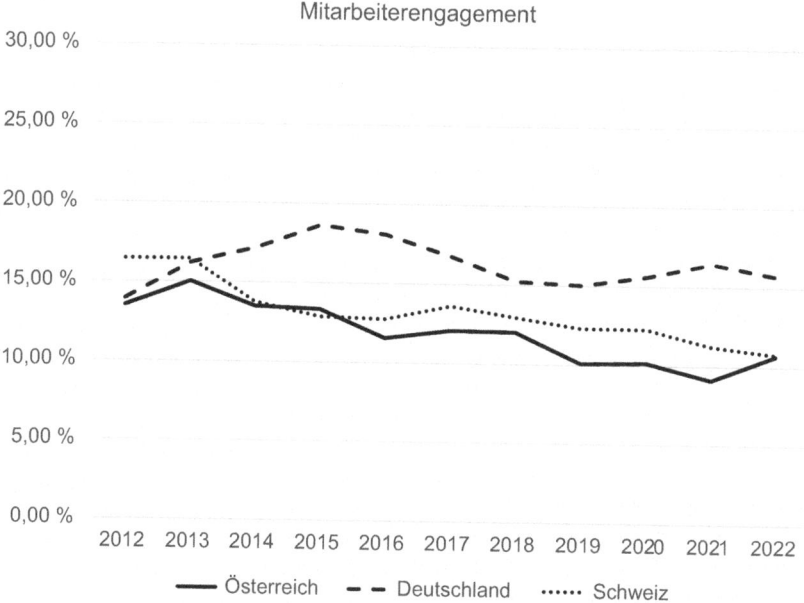

Abb. 2.1 Mitarbeiter-Engagement. (Quelle: in Anlehnung an Gallup [1])

ter. Mitarbeiter in einer brüchigen Welt zu führen, ist eine Herausforderung. Diese Welt ist zum Teil selbst für Führungskräfte mit ihrem Wissensvorsprung nicht vollständig verständlich.

Veränderungen standen bereits in der Vergangenheit an der Tagesordnung von Führungskräften und tun dies auch heute noch. Daran hat sich nichts geändert und es wird sich auch nichts ändern.

Dabei stellt die Führung bereits im lokalen Kontext eine große Herausforderung dar, die es zu meistern gilt. Zahlreiche Entwicklungsprogramme für Führungskräfte versuchen, diese auf ihre Rolle vorzubereiten oder sie in ihrer bestehenden Rolle zu bestärken. Entschließt sich jedoch ein Unternehmen, den Schritt ins Ausland zu wagen, so nimmt die Komplexität deutlich zu. Das Ungewisse in neuen Ländern, anderen Kulturen und die Führung auf Distanz sind nur einige wenige Themen, die Führungskräfte hierbei beschäftigen. Zudem ist die Aufgabe, Veränderungen im globalen Kontext umzusetzen ungleich schwieriger als im lokalen Umfeld.

> **Beispiel**
>
> Eine Führungskraft eines deutschen Anlagenbauers hatte die Aufgabe, einen globalen Prozess zur Abwicklung der Projekte zu entwickeln. Der Großteil des Umsatzes lag dabei in Europa, wodurch es für die Führungskraft naheliegend war, den Prozess anhand der deutschen Standards und Methoden zu entwickeln. Nach einer intensiven Zeit der Entwicklung in der deutschen Zentrale wurde der Prozess unverändert und direkt in den jeweiligen Niederlassungen – mitunter in den USA und Indien – „angewandt". Die lokalen Führungskräfte in den USA und Indien waren jedoch zu diesem Zeitpunkt nicht in die Erstellung des globalen Prozesses involviert. Das Ergebnis war erwartbar: Der Prozess wurde in den Organisationen in den USA und Indien nur zögerlich angenommen und nie vollständig in allen Kundenprojekten umgesetzt.

Dieses Beispiel zeigt bereits, wie komplex ein Veränderungsvorhaben in Unternehmen sein kann. Veränderungen wie diese strukturiert zu entwickeln und umzusetzen, stellt demnach eine besondere Herausforderung für Führungskräfte dar.

Führung im globalen Kontext ist eine komplexe Aufgabe und wie jede Komplexität ist auch diese voll von unbekannten Variablen, weshalb die wesentlichen in den folgenden Kapiteln im Detail erläutert werden. Dies hat das Ziel, dass Sie als Global-Leader Ihre Gleichung erstellen und lösen können.

> **Global-Leader** sind Führungskräfte, die eine globale Organisation leiten. Dies kann sowohl im Rahmen einer klassischen Linienorganisation stattfinden als auch in einer Matrixorganisation. Ebenso zählen als Beispiel Projektmanager, die internationale Projekte leiten, zur Gruppe der Global-Leader.

2.2 Distanz

Bis zum Ausbruch der COVID-19-Pandemie war ich regelmäßig an verschiedenen Standorten unseres Unternehmens oder bei Kunden vor Ort. Als Manager eines global agierenden Unternehmens leitete ich Teams in

Europa, Indien, Singapur und anderen Regionen weltweit. Mit den Lockdowns und den Einreisebeschränkungen vieler Länder änderte sich diese Arbeitsweise abrupt. Die Mitarbeiterführung verlagerte sich vollständig in den Remote-Bereich.

Für mein Team und mich stellte dies eine neue Herausforderung dar, auf die wir uns erst einstellen mussten. Geplante Meetings mit den Standortverantwortlichen wurden in Online-Termine umgewandelt. Da ich meine Mitarbeiter bereits persönlich kannte und wir auch zuvor schon eine Kombination aus Vor-Ort- und Online-Meetings genutzt hatten, verlief die Umstellung zunächst reibungslos. Die Tatsache, dass die gesamte Welt in einer ähnlichen Situation war, trug ebenfalls dazu bei.

Allerdings stellte der Aufbau einer neuen Niederlassung in den USA aufgrund der dortigen positiven Auftragslage eine besonders komplexe Aufgabe dar. Ohne die Möglichkeit, vor Ort zu sein, mussten wir Mitarbeiter rekrutieren, ein Büro einrichten und Prozesse entwickeln, um den operativen Betrieb aufnehmen zu können. Die geografische Distanz und die Tatsache, dass keine Reisen von Europa in die USA möglich waren, erwiesen sich dabei als größte Herausforderungen.

Während der Pandemie wurden die Auswirkungen der Distanz auf die Zusammenarbeit für viele Teams deutlich spürbar. Die informellen Begegnungen in der Teeküche, die zuvor dazu dienten, Beziehungen zu Kollegen aufzubauen und zu pflegen, entfielen vollständig. Um den Zusammenhalt dennoch zu stärken, entwickelten Teams kreative Lösungen. Virtuelle Kaffeepausen, Online-Fußballabende und digitale Stammtische wurden ins Leben gerufen, um sowohl private als auch berufliche Gespräche zu ermöglichen.

Trotz dieser Bemühungen stellten viele fest, dass die erzwungene Distanz selbst in gut etablierten Teams eine erhebliche Herausforderung darstellte. Führungskräfte begannen, die Produktivität ihrer Mitarbeiter infrage zu stellen, da die direkte Kontrolle im Büro entfiel. Das Vertrauen, das zuvor als selbstverständlich galt, wurde auf eine harte Probe gestellt. Führen auf Distanz war für viele Führungskräfte bis dahin nicht Teil ihres Repertoires. Infolgedessen musste das Konzept von Vertrauen als Grundlage der Führung neu überdacht und definiert werden.

Die Pandemie hat unser Verständnis und die Akzeptanz von Remote-Arbeit grundlegend verändert. Obwohl viele Unternehmen mittlerweile

Tab. 2.1 Anzahl jährlicher Nutzer der Software Microsoft Teams. (Quelle: Curry [3])

Jahr	Nutzer (in Mio.)
2017	2
2018	8
2019	20
2020	75
2021	145
2022	270
2023	300

wieder verstärkt Präsenz im Büro einfordern, ist der Anteil jener Menschen, die ausschließlich remote arbeiten, gestiegen.

Parallel dazu haben sich die Technologien, die eine Zusammenarbeit auf Distanz ermöglichen in dieser Zeit rasant weiterentwickelt. Plattformen wie Zoom, Google Meet und Microsoft Teams verzeichneten einen signifikanten Anstieg ihrer Nutzerzahlen. Die weitverbreitete Nutzung von Online-Kommunikation lässt sich gut an den Statistiken zu Microsoft Teams ablesen, wie in Tab. 2.1 dargestellt [3].

Die Nutzerzahlen stiegen auch dann weiter, als viele Unternehmen wieder zur Präsenzarbeit übergegangen sind.

Mit dem verstärkten Einsatz von Online-Meeting-Tools reduzierten sich die beruflichen Reisen. In vielen Phasen der Pandemie verhinderten zudem Reisebeschränkungen Dienstreisen zu anderen Standorten. Dies stellte besonders für Führungskräfte in vielen Belangen eine große Herausforderung dar, so auch im Bereich des Vertrauens.

Vertrauen entwickelt sich in der Regel im Laufe der Zeit durch wiederholte positive Interaktionen. Dieser Prozess lässt sich durch kleinere Handlungen in physischer Nähe beschleunigen. Die Teeküche und die vielen darin stattfindenden Interaktionen sind ein wirkungsvoller Weg, um Kollegen zusammenzubringen und affektive Bindungen zu schaffen. In einer persönlichen Büroumgebung können die Mitarbeiter jederzeit mit ihrer Führungskraft in Kontakt treten und Beziehungen aufbauen. Diese Gelegenheiten des informellen Austausches gehen verloren, wenn man die physische Umgebung entfernt [4].

Die zunehmende Verbreitung von Technologie hat das Arbeitsverhalten vieler Menschen nachhaltig verändert. Kalender sind heute oft dicht gefüllt mit Online-Terminen, die sich nahtlos von morgens bis abends aneinanderreihen. Diese virtuellen Meetings konzentrieren sich meist auf das Wesentliche. Eine klar strukturierte Agenda erlaubt dabei eine effiziente Bearbeitung des Meetings. Das Ergebnis dieser Entwicklungen ist, dass sich unsere Aufgabenlisten schneller als je zuvor füllen.

Allerdings gehen dabei die kurzen, informellen Gespräche, die früher vor und nach den Meetings stattfanden und zur Beziehungspflege beitrugen, häufig verloren. Stattdessen erleben wir vermehrt eine missbräuchliche Verwendung dieser Meetings. So versuchen wir etwa, Multitasking zu betreiben, indem wir beispielsweise parallel dazu E-Mails bearbeiten oder bereits an der nächsten Präsentation feilen.

Technologie kann richtig eingesetzt eine echte Möglichkeit sein, Beziehungen aufrechtzuerhalten. Dennoch ersetzt sie den persönlichen Kontakt nicht. Die physische Distanz zwischen einem Global-Leader und seinen Mitarbeitern ist eine Herausforderung, die als solche erkannt werden muss.

Dennoch gestaltet sich Führung auf Distanz anders als in einem vollständig lokalen Team. Vertrauen ist hierbei noch stärker von Bedeutung und der transformative Führungsstil überwiegt: die Führung über Inspiration, Motivation, Engagement und eine Vision. Die tägliche Praxis vieler Führungskräfte sieht jedoch häufig anders aus: Wir pflegen online Aufgabenlisten, managen Aufgaben und geben kurzfristige Ziele aus, damit diese auch bis zum nächsten Online-Termin überprüft werden können. Wir verfallen demnach in eine transaktionale Führung, was eine Herausforderung für alle jene Führungskräfte darstellt, die auf globaler Ebene Mitarbeiter führen. Dabei sind der gemeinsame Austausch unterschiedlicher Ideen, das Lernen voneinander über die eigene Kultur und der Wechsel von Perspektiven die Erfolgsfaktoren in der Führung auf Distanz.

2.3   Change-Management

Führung ist eine sehr vielseitige Aufgabe. Mitarbeiter in operativen Projekten müssen geführt werden, das Team in der Produktion muss vorgegebene Ziele erreichen und in der Personalabteilung werden neue Schulungseinheiten entwickelt. Dabei hat Führung nur in den seltensten Fällen mit der Aufrechterhaltung des Status quo zu tun – zumindest im globalen Kontext eines Global-Leaders. Prozesse zu harmonisieren, einen

neuen Standort oder eine neue Region aufzubauen sowie ein neues Pro-
dukt global verfügbar zu machen, sind nur einige wenige Beispiele. Den-
ken Sie auch an klassische M&A(Merge & Acquisition)-Situationen.
Dabei wird das eigene Unternehmen mit einem anderen verschmolzen
(Merge) oder ein anderes Unternehmen gekauft (Acquisition). In beiden
Fällen entsteht ein verändertes Unternehmen. Die darauffolgende Post-
Merger-Integration, also jene Phase, in der das gekaufte Unternehmen or-
ganisatorisch in das Stammunternehmen eingegliedert wird, ist ein langer
Change-Prozess. Als Executive Manager hatte ich mehrfach die Aufgabe,
eine Post-Merger-Integration zu leiten. Unternehmensakquisitionen aus
Indien, Singapur, Portugal und anderen Ländern mussten hierzu in die
deutsche Gesellschaft integriert werden, die Organisation der Unternehmen global betrachtet veränderte sich, Prozesse mussten harmonisiert
werden und das Produktportfolio wurde entsprechend angepasst. In manchen Unternehmen wurden zudem Produkte durch vorhandene Produkte
der Muttergesellschaft ersetzt. Durch die laufenden Verträge mit Kunden
in den jeweiligen Ländern war dies ein langer Prozess.

Die Herausforderung eines Global-Leaders im Change-Management
besteht vor allem darin, kulturelle Unterschiede erfolgreich zu navigieren. Verschiedene Kulturen haben unterschiedliche Perspektiven auf
Veränderung und variierende Grade an Risikobereitschaft. Ein Global-
Leader muss diese kulturellen Feinheiten verstehen und seine Kommunikationsstrategien gezielt darauf abstimmen, um so Akzeptanz und Engagement innerhalb des Teams zu fördern.

Zusätzlich stellt die Kommunikation, die mitunter über verschiedene
Zeitzonen hinweg geschieht, eine erhebliche Schwierigkeit dar. Manche
Kulturen erfordern dabei eine direkte Kommunikation über Sachinhalte,
während es in anderen Kulturen wichtig ist, die Botschaften im Rahmen
des Change-Managements passend zu formulieren. Die Zeitzonen stellen
eine weitere Barriere dar, zumal Globalisierung heute nicht mehr nur die
angrenzenden Länder betrifft. Globalisierung ist eben ein globales Phänomen und umfasst daher auch die Expansion aus Europa in die USA
sowie nach Asien und umgekehrt. Dies erfordert zudem den Einsatz ge-
eigneter Kommunikationsmittel, um sicherzustellen, dass alle Mitarbeiter
informiert und eingebunden sind, unabhängig von ihrem Standort.

Kompliziert, jedoch nicht komplex, ist die Einhaltung rechtlicher und regulatorischer Vorgaben, die von Land zu Land variieren.

Kompliziert beschreibt ein Problem oder System, das schwierig zu verstehen oder zu lösen ist. Es ist jedoch nicht unbedingt unvorhersehbar. Hingegen ist etwas **komplex**, wenn ein System mit vielen Variablen versehen und das Ergebnis unvorhersehbar ist.

Ein Global-Leader muss gewährleisten, dass alle Veränderungen den lokalen Gesetzen entsprechen. Dies erfordert ein tiefes Verständnis der unterschiedlichen rechtlichen Rahmenbedingungen.

Technologische Veränderungen sind ein wesentlicher Bestandteil vieler Transformationsprozesse. Während Führungskräfte die eigene IT-Infrastruktur und das technologische Know-how ihrer Mitarbeiter gut einschätzen können, stellt die Globalisierung in diesem Bereich eine besondere Herausforderung dar. Die Einführung neuer Technologien erfordert oft Anpassungen an lokale Gegebenheiten, um sicherzustellen, dass sie weltweit effektiv eingesetzt werden können. Ein zentraler Erfolgsfaktor dabei ist die umfassende Schulung der Mitarbeiter, damit diese die neuen Systeme effizient nutzen können.

Ein häufiger Widerstand gegen diese technologischen Veränderungen sowie gegen Veränderungen im Allgemeinen ergibt sich aus der menschlichen Natur. Menschen neigen dazu, Veränderungen zu vermeiden, insbesondere wenn sie aus unterschiedlichen kulturellen Kontexten stammen. In solchen Fällen ist es für einen Global-Leader entscheidend, gezielte Strategien zu entwickeln, um diesen Widerstand zu überwinden und eine positive Einstellung gegenüber Veränderungen zu fördern. Während es in einem lokalen Kontext oft möglich ist, alle Mitarbeiter direkt und persönlich einzubeziehen, kann sich dies im globalen Umfeld als schwierig erweisen, insbesondere wenn zwischen dem Global-Leader und den internationalen Teams noch mehrere Hierarchieebenen liegen.

Change-Management ist bereits in einem rein nationalen oder lokalen Kontext eine erhebliche Herausforderung für Führungskräfte. Im globalen Kontext wird diese Herausforderung noch weiter verstärkt, da kulturelle Unterschiede, geografische Entfernungen und komplexe Kommunikationsstrukturen erschwerend hinzukommen.

2.4 Technologie

Technologie ist bereits in Veränderungsprozessen eine große Herausforderung. Die andere Form der Technologie sind die vielen digitalen Tools wie etwa E-Mails, Google, Übersetzungsprogramme und vieles mehr, die wir bereits tagtäglich nutzen. Für Global-Leader sind diese Fluch und Segen zugleich, da sie einerseits als unterstützendes Instrument zur Seite stehen, andererseits jedoch eine große Barriere darstellen.

Die Technologie hat die Art und Weise, wie wir kommunizieren, grundlegend verändert. E-Mails, Instant Messaging und Videokonferenzen ermöglichen es, in Echtzeit mit Menschen auf der ganzen Welt zu interagieren. Ein zentrales Problem ist die Tendenz, auf digitale Kommunikation schneller zurückzugreifen als auf direkte Gespräche. Die Geschwindigkeit und Bequemlichkeit von E-Mails verleiten dazu, wichtige Informationen schriftlich statt mündlich zu übermitteln. Dies führt oft zu Missverständnissen, da nonverbale Hinweise wie Tonfall, Mimik und Gestik fehlen, die in einem persönlichen Gespräch vorhanden wären und dort zusätzliche Informationen transportieren. Eine schlecht formulierte E-Mail kann hingegen leicht zu Missinterpretationen führen. Diese lassen die Kommunikation eskalieren und verursachen Konflikte, die durch ein persönliches Gespräch vermeidbar wären.

Zudem variiert die Nutzung von Kommunikationsplattformen je nach Region und Kultur. Während in westlichen Ländern die Kommunikation via E-Mails und Plattformen wie Microsoft Teams dominiert, setzen andere Länder auf regionale Dienste wie etwa WeChat in China. Ein Global-Leader muss daher nicht nur die technischen Möglichkeiten verstehen, sondern auch die kulturellen Präferenzen und Gewohnheiten, die mit diesen Plattformen verbunden sind. Dies erfordert ein hohes Maß an Flexibilität und Anpassungsfähigkeit.

Um sich auf diese und andere Unterschiede der Kulturen vorzubereiten, nutzen wir immer häufiger das Internet als Informationsquelle, welches eine schier unendliche Menge an Informationen bietet. Doch genau diese Informationsfülle stellt eine der größten Herausforderungen dar, denn die Qualität und Verlässlichkeit der online verfügbaren Daten variieren stark und es erfordert viel Zeit und Expertise, nützliche und akkurate Informationen von irreführenden oder veralteten Daten zu trennen.

Besonders problematisch ist die Tatsache, dass Suchmaschinen wie Google, die als führende Suchmaschine (82,00 % Marktanteil) auftritt, je nach Region unterschiedliche Ergebnisse liefern. Eine Suchanfrage in den USA kann völlig andere Informationen hervorbringen als dieselbe Anfrage in Deutschland oder Indien, was daran liegt, dass Suchmaschinen ihre Algorithmen und die angezeigten Inhalte an lokale Präferenzen und Gesetzgebungen anpassen.

Technologie bietet unbestreitbare Vorteile für Global-Leader. Sie ermöglicht Kommunikation, Recherche, Übersetzung und vieles mehr in einer international vernetzten Welt. Doch diese Vorteile gehen mit erheblichen Herausforderungen einher, die nicht unterschätzt werden dürfen. Die Geschwindigkeit, die oft mit Veränderungsprozessen im globalen Kontext verbunden ist, ist hoch. Unterschiedliche Zeitzonen verstärken diesen Effekt, was insgesamt zu einer nahezu 24-Stunden-Kommunikation führt. Dies kann die Work-Life-Balance eines Global-Leaders erheblich beeinflussen, da ständige Erreichbarkeit über Smartphones und E-Mails die Grenze zwischen beruflichem und privatem Leben oft verschwimmen lässt. Fehlt eine bewusste Steuerung dieser Erreichbarkeit, kann dies zu erhöhtem Stress und schließlich zu Burn-out führen.

Ein sorgsamer und kritischer Umgang mit Technologie ist aus diesen Gründen für einen Global-Leader entscheidend.

2.5 Kultur

Die Kultur ist vermutlich eines der ersten Themen, an das man denkt, wenn man sich mit der Globalisierung von Unternehmen beschäftigt. Dabei ist die Kultur auch jene, die am wenigsten greifbar ist, obwohl wir alle selbst Teil einer Kultur sind. Wir werden in eine Kultur geboren, die uns in unserer Entwicklung prägt und uns in der täglichen Arbeit als Führungskraft leitet. Dabei verstehen wir unsere eigene Kultur und handeln intuitiv danach. Im unternehmerischen Kontext begreifen wir die Kultur – sowohl jene unseres Landes als auch die des Unternehmens – meist zuerst in der Rolle des Mitarbeiters, bevor man sich zur Führungskraft entwickelt. Diese Prägung erlaubt uns einerseits, als Führungskraft erfolgreich zu sein, andererseits stellt sie aber auch eine große Herausforderung als Global-Leader dar, denn wir tendieren intuitiv dazu, dass wir unsere eigene Kultur als Referenz sehen.

Deby Ferguson, Founder INNOVATTA Global Solutions, Executive Coach

„Als Executive Coach habe ich festgestellt, dass Führungskräfte auf globaler Ebene oft mit der Komplexität des Managements unterschiedlicher Perspektiven und der Arbeit in vielfältigen Umgebungen zu kämpfen haben. Auch wenn sie sich mit Vorschriften, Marktdynamiken und rechtlichen Anforderungen auskennen, besteht eine häufige Herausforderung darin, die Kultur, in die sie eingebettet sind, tiefgreifend zu verstehen. Ohne dieses kulturelle Verständnis können selbst die strategischsten Pläne scheitern, denn bei Führung geht es im Grunde um Menschen und wie sie reagieren.

Kulturelle Barrieren können die Effektivität einer Führungskraft erheblich beeinträchtigen. Die Entwicklung kultureller Intelligenz ist entscheidend, um diese Herausforderungen zu meistern. So kann beispielsweise das Modell der Kulturdimensionen von Hofstede Aufschluss darüber geben, wie verschiedene Gesellschaften mit Unsicherheit umgehen.

Kommunikation ist ein weiterer entscheidender Aspekt. Ausgehend von den Theorien von Edward T. Hall kann der Kontext, in dem Kommunikation stattfindet, von Kultur zu Kultur sehr unterschiedlich sein. In der brasilianischen Kultur wird eher sehr indirekt kommuniziert, was von Führungskräften ein Gespür für subtile Hinweise und unausgesprochene Nuancen erfordert. Wenn man den kulturellen Hintergrund der Menschen versteht, kann man sich besser auf sie einstellen und Missverständnisse vermeiden.

Letztendlich müssen Führungskräfte auf globaler Ebene ein Gleichgewicht zwischen Agilität und Respekt für die Anpassungs- und Reaktionsweisen verschiedener Kulturen finden. Sie müssen ihre Führungsmodelle so anpassen, dass sie flexibel genug sind, um kulturelle Unterschiede zu respektieren und zu integrieren, während sie gleichzeitig ihre Kernwerte und -ziele beibehalten. Dieses Gleichgewicht ermöglicht es ihnen, verschiedene Teams und Märkte effektiv zu führen."

Kultur leitet unsere Kommunikation, Entscheidungen und Handlungen auch global, wodurch wir Gefahr laufen, dass wir unsere Kultur auch direkt auf andere Länder übertragen. Wir sehen andere Kulturen durch unsere eigene Brille und handeln, als ob wir im eigenen Kulturkreis aktiv wären, auch wenn uns bewusst ist, dass in anderen Ländern eine andere Kultur vorherrscht. Wir wissen zwar, dass auch in anderen

Ländern Menschen von deren Kultur geprägt wurden und ebenso entsprechend ihrer Kultur handeln, dennoch ist der kulturelle Unterschied häufig Ursache für Konflikte oder gar Misserfolg in der Führung globaler Organisationen. Auf der anderen Seite des Spektrums der kulturellen Vielfalt kann diese eine immense Bereicherung darstellen. Unterschiedliche Kulturen bringen eine Vielzahl von Perspektiven, Ideen und Lösungsansätzen mit sich, die zur Innovation und Problemlösung beitragen können.

Dabei ist Kultur im Vergleich zu anderen Herausforderungen wie jene der Technologie oder Organisation am unsichtbarsten. Unsere eigene Kultur zu beschreiben und damit sichtbar zu machen, ist bereits schwierig, fremde beziehungsweise für einen Global-Leader neue Kulturen zu beschreiben, hingegen nahezu gänzlich unmöglich. Hilfreich dabei ist es, wenn man die verschiedenen Dimensionen und Aspekte betrachtet, die eine Kultur zutage fördert. Damit erhält man zumindest Anhaltspunkte, anhand derer man sich orientieren und annähern kann.

Kommunikation ist einer der Bereiche, in dem sich die kulturellen Unterschiede am deutlichsten offenbaren. In globalen Teams kann die Art und Weise, wie Informationen ausgetauscht und Entscheidungen kommuniziert werden, stark variieren. In einigen Kulturen ist es üblich, direkt und offen zu kommunizieren, während in anderen Kulturen Zurückhaltung und indirekte Kommunikation bevorzugt werden. Dabei ist die Sprache das wesentlichste Instrument in unserer Kommunikation. Wenngleich auch 1,4 Mrd. Menschen der englischen Sprache mächtig sind, so sprechen lediglich 380 Mio. davon Englisch als Muttersprache [5, 6]. Dabei ist es ein großer Unterschied, ob man in seiner Muttersprache kommuniziert oder das Gesprochene für Menschen eine Fremdsprache darstellt. So ist der Wortschatz beispielsweise geringer als in der Muttersprache und wir fühlen uns zum Teil unsicherer in der Ausdrucksweise und schaffen es nicht immer, unsere Standpunkte in einer Fremdsprache zu vertreten. Auch wenn Global-Leader in der Regel über ausgezeichnete Englischkenntnisse verfügen, ist dies in anderen Ländern nicht immer der Fall.

Unterschiedliche Kulturen bringen unterschiedliche Werte und Arbeitsweisen mit sich. Diese können sich auf die Arbeitsmoral, die Einstellung zum Thema Zeit, die Balance zwischen Beruf und Privatleben

und den Umgang mit Konflikten auswirken. Die durchschnittliche Anzahl jener Wochenstunden, die wir mit Arbeit verbringen, ist ein guter
Indikator dafür. Während in weniger entwickelten Ländern und Niedrig-
lohnländern die durchschnittliche Arbeitszeit am höchsten ist, ist sie in
Hochlohnländern am geringsten. So arbeiten Menschen beispielsweise
im asiatischen Raum im Schnitt 45 h pro Woche und mehr, während
Menschen in den nordischen Ländern wie Schweden und Finnland im
Vergleich dazu rund 29 h pro Woche arbeiten [7]. Ebenso können in einigen Kulturen Pünktlichkeit und Effizienz höchste Priorität haben, wohingegen in anderen Kulturen persönliche Beziehungen und Flexibilität
stärker im Vordergrund stehen.

Diese Erscheinungen treten in den Kulturen aufgrund unterschiedlicher Ursachen und Hintergründe auf. Geert Hofstede, ein nieder-
ländischer Sozialpsychologe und Kulturwissenschaftler, erforscht seit vielen Jahren die kulturellen Differenzen zwischen den Ländern und zählt
dabei zu den bedeutendsten Personen, die sich mit der Erforschung von
Kultur und ihrem Einfluss auf Führung und Organisationen befassen.
Seine Forschung ergab, dass nationale Kulturen systematisch variieren
und diese Unterschiede in einer Reihe von Dimensionen beschrieben
werden können, woraus sich sein Modell der Kulturdimensionen entwickelt hat. Heute kennen wir 6 Dimensionen, darunter die Machtdistanz
in einer Gesellschaft, das Verhältnis von Individualismus zu Kollektivis-
mus, die Verteilung von Maskulinität und Femininität und andere.

Zwar ist uns dieses Modell heute bekannt und wir haben Zugang zu
unzähligen anderen Informationen über unterschiedliche Kulturen, die
Vorbereitung darauf bleibt dennoch eine große Herausforderung, zumal
hierbei auch die Gefahr der Generalisierung besteht. Sämtliche Informationen über die Kultur eines Landes spiegeln lediglich den Durchschnitt
wider und es gibt häufig regionale Unterschiede. In Deutschland finden
wir etwa noch Abweichungen zwischen Ost- und Westdeutschland und
auch in den USA, in China oder in anderen Ländern treten vielerorts
Differenzen in den unterschiedlichen Regionen auf. Die Ursache dafür
liegt nicht nur in der Historie, sondern auch in der zunehmenden Diversität innerhalb einer Gesellschaft. In diesem Zusammenhang führt etwa
Migration dazu, dass Gesellschaften zunehmend diverser werden, da
neue Kulturen in bestehende aufgenommen werden und diese über lange

Zeit auch verändern können. So sind als Beispiel 19,00 % der US-Einwohner hispanoamerikanischer beziehungsweise spanischer Herkunft [8] oder auch 14,90 % der deutschen Einwohner keine deutschen Staatsbürger [9].

Deutlich komplexer stellt sich die Situation in Bezug auf die Unternehmenskultur dar.

Unternehmenskultur umfasst die gemeinsamen Werte, Überzeugungen, Normen und Verhaltensweisen innerhalb einer Organisation. Sie bildet das Herzstück der Identität eines Unternehmens, prägt sowohl das Verhalten als auch die Einstellungen der Mitarbeiter und beeinflusst die strategische Ausrichtung und Leistung der Organisation insgesamt.

Kommt es im Rahmen der Globalisierung zu M&A-Situationen, (Zusammenschluss oder Kauf von Unternehmen), treffen dabei neben der Kultur der jeweiligen Nation und der vorherrschenden Unternehmenskultur demnach zwei unterschiedliche Kulturarten aufeinander. Eine weitere Dimension also und ein zusätzlicher Grund, warum die Kultur eine große Herausforderung für Global-Leader darstellt.

2.6 Organisation

In vielen der zahlreichen Gespräche, die ich mit Global-Leadern führen durfte, wurde die Organisation als eine große Herausforderung benannt. Das liegt daran, dass global agierende Unternehmen oft in komplexen, multilateralen Strukturen organisiert sind, wodurch eine effektive und effiziente Führung umso schwieriger wird. Diese organisatorischen Herausforderungen zu meistern, erfordert von Global-Leadern nicht nur Fachwissen, sondern auch außergewöhnliche Fähigkeiten in den Bereichen Kommunikation, Koordination und Entscheidungsfindung.

Eine der am häufigsten anzutreffenden Strukturen in globalen Unternehmen ist die sogenannte Matrix-Organisation. In dieser Struktur haben die Mitarbeiter zwei Vorgesetzte, einen Linienvorgesetzten und den funktionalen Vorgesetzten. Anweisungen und Erwartungen werden damit von mehreren Führungskräften formuliert, die jeweils verschiedene

Prioritäten und Ziele verfolgen. Diese Situation schafft nicht nur Verwirrung, sondern kann auch zu Konflikten und ineffizienten Arbeitsabläufen führen.

Ebenso ist die Entscheidungsfindung ein weiterer Aspekt der organisatorischen Komplexität. In einer globalen Organisation sind Entscheidungen selten einfach oder schnell zu treffen. Unterschiedliche kulturelle Perspektiven, regionale Marktbedingungen und lokale gesetzliche Rahmenbedingungen müssen berücksichtigt werden, bevor eine Entscheidung getroffen werden kann. Dies kann den Entscheidungsprozess erheblich verlangsamen. Zudem kann die Notwendigkeit, Entscheidungen über verschiedene Zeitzonen hinweg zu treffen, die Koordination erschweren. Ein Global-Leader muss nicht nur die richtigen Informationen zur richtigen Zeit bereitstellen, sondern auch sicherstellen, dass alle relevanten Stakeholder in den Entscheidungsprozess eingebunden sind, was ein hohes Maß an organisatorischer Geschicklichkeit erfordert. Man muss in der Lage sein, Entscheidungen zu treffen, die globale und lokale Anforderungen erfüllen.

Um die organisatorischen Herausforderungen zu meistern, müssen Global-Leader die Struktur ihrer Organisation verstehen. Sie müssen auch die Dynamiken erkennen, die in dieser Struktur wirken. Dies bedeutet, dass sie in der Lage sein müssen, in dieser Sandwichposition erfolgreich und effektiv zu führen. Zudem müssen sie die strategische Ausrichtung des Unternehmens im Blick behalten und gleichzeitig auf die Bedürfnisse und Herausforderungen der lokalen Teams eingehen.

Vor allem für Global-Leader ohne Erfahrung in der Führung globaler Organisationen ist diese Herausforderung mitunter eine der größten. Eine globale Organisation funktioniert deutlich anders als eine rein lokale.

2.7   Mindset

Da die Welt – und erst recht die Führung – nicht nur aus Schwarz und Weiß besteht, sondern auch noch viele Graustufen dazwischen vorhanden sind, muss man sich in einer ganzheitlichen Sicht auch diesen Grautönen widmen. Einer davon ist das Mindset.

Ein Mindset ist die grundlegende Denkweise und Haltung, die eine Person gegenüber ihren Fähigkeiten, Herausforderungen und ihrem Potenzial hat. Wie eine Brille, durch die man die Welt betrachtet. Je nachdem, welche Brille man trägt, wird man die Welt und sein Umfeld anders wahrnehmen und interpretieren. Dies beeinflusst, wie wir Herausforderungen begegnen, mit Rückschlägen umgehen und unser eigenes Wachstum sowie das unserer Teams fördern.

> Mindset ist weit mehr als nur eine Haltung – es ist die Grundlage, auf der unsere Entscheidungen, Handlungen und Interaktionen beruhen.

Ein Global Mindset ist eine der zentralen Voraussetzungen für den Erfolg als Führungskraft in einem globalen Umfeld. Genau deshalb stellt dieses Mindset oft eine große Herausforderung dar. Es erfordert nicht nur die Anpassung an neue Realitäten und das Überwinden von fest verankerten Überzeugungen, sondern auch eine kontinuierliche Weiterentwicklung und Offenheit für Neues. Die Wissenschaft ist sich hier uneins darüber, ob manche Menschen von Natur aus bereits ein Global Mindset haben oder dieses erst entwickelt müssen. Aus den Gesprächen mit vielen Global-Leadern und meiner eigenen Erfahrung ist Letzteres der Fall. Ein Global Mindset muss jeder Global-Leader für sich erst entwickeln, was vermutlich auch die schwierigste all seiner Entwicklungen darstellt, die zudem am längsten dauert. Aus diesem Grund wird dies auch erst am Ende des Kapitels über die Herausforderungen in der Globalisierung thematisiert.

Wir Menschen neigen dazu, uns an bewährte Methoden und Denkweisen zu klammern, mit denen wir in der Vergangenheit erfolgreich waren. Diese „Haben wir immer schon so gemacht"-Mentalität kann jedoch schnell zur Falle werden, wenn ein Unternehmen den Schritt in Richtung Globalisierung wagt. Gerade wenn Unternehmen am Beginn ihrer Globalisierungsreise stehen, kann es schwer sein, alte Gewohnheiten abzulegen und sich auf die neuen Anforderungen einzulassen, die eine globale Perspektive erfordern. Wir stehen uns dabei häufig selbst im Weg.

Folgend dem Uppsala-Modell sind Unternehmen zuerst auf dem lokalen Markt aktiv und werden dort erfolgreich. Häufig dauert dieser Prozess viele Jahre, bevor weitere Schritte in Richtung Globalisierung unternommen werden. In diesen Fällen ändern sich in den Anfangsstadien der Globalisierung für die Mehrheit der Belegschaft vielleicht nur wenige Abläufe und Strukturen, doch mit jedem weiteren Schritt auf dem globalen Markt spürt man die Veränderungen immer deutlicher. Die Notwendigkeit, das eigene Mindset als Global-Leader zu transformieren, wird dringlicher. Im Vergleich dazu erfordert das Born-Global-Modell von vielen Mitarbeitern zu Beginn ein globales Mindset, was als Teil der DNA solcher Unternehmen anzusehen ist.

Eine Pionierin der Mindset-Forschung ist Carol Dweck, eine US-Psychologin und Professorin an der Universität Stanford. Sie zählt du den weltweit führenden Forscherinnen auf dem Gebiet der Motivations- und Entwicklungspsychologie. Die Ergebnisse ihrer Forschung veröffentlichte sie im Jahre 2006 in ihrem Buch „Mindset" (Dweck 2006). Dweck beschreibt darin zwei grundsätzliche Denkmuster: das „Fixed-Mindset" und das „Growth-Mindset". Ein „Fixed-Mindset" geht davon aus, dass Fähigkeiten und Intelligenz unveränderlich und damit statisch sind. Menschen mit dieser Denkweise meiden Herausforderungen und scheuen Risiken, um Misserfolge zu vermeiden. Im Gegensatz dazu steht das „Growth-Mindset". Bei diesem Ansatz herrscht die Überzeugung vor, dass Fähigkeiten und Intelligenz durch Anstrengung, Lernen und Ausdauer entwickelt werden können [10].

Ein „Growth-Mindset" ist folglich eine Voraussetzung für die Entwicklung eines Global Mindsets, welches genau diese Offenheit und Lernbereitschaft erfordert. Es bedeutet, die eigenen Vorurteile und festgefahrenen Überzeugungen zu hinterfragen und sich auf die Vielfalt und Komplexität der globalen Geschäftswelt einzulassen. Dies ist jedoch leichter gesagt als getan. Die Umstellung von einem „Fixed-Mindset" auf ein „Growth-Mindset" erfordert oft einen bewussten und anhaltenden Prozess der Selbstreflexion und Anpassung.

Literatur

1. Gallup (2024) Gallup Employee Engagement. https://www.gallup.com/394373/indicator-employee-engagement.aspx. Zugegriffen: 10. August 2024

2. Ernst & Young (2024) EY: Motivation im Job sinkt auf Tiefstand. https://www.ey.com/de_de/news/2023/05/motivation-im-job-sinkt-auf-tiefstand. Zugegriffen: 10. August 2024

3. Curry D (2024) Microsoft Teams Revenue and Usage Statistics (2024). https://www.businessofapps.com/data/microsoft-teams-statistics/. Zugegriffen: 12. August 2024

4. Dinh et al. (2021) Developing team trust: Leader insights for virtual settings. Organizational Dynamics 50. https://doi.org/10.1016/j.orgdyn.2021.100846

5. Statista (2024) The most spoken languages worldwide in 2023. https://www.statista.com/statistics/266808/the-most-spoken-languages-worldwide/. Zugegriffen: 12. August 2024

6. Zeidan A (2023) Languages by number of native speakers. Encyclopedia Britannica. https://www.britannica.com/topic/languages-by-number-of-native-speakers-2228882. Zugegriffen: 12. August 2024

7. World Population Review (2024) Average Workweek by Country 2024. https://worldpopulationreview.com/country-rankings/average-work-week-by-country. Zugegriffen: 12. August 2024

8. U.S. Department of Health and Human Services Office of Minority Health (2024) Hispanic/Latino Health. https://minorityhealth.hhs.gov/hispaniclatino-health#:~:text=According%20to%202020%20Census%20data,the%20largest%20at%2061.6%20percent. Zugegriffen: 12. August 2024

9. Mediendienst Integration (2024) Bevölkerung. https://mediendienst-integration.de/migration/bevoelkerung.html#:~:text=Immer%20mehr%20Menschen%20haben%20einen,gibt%20es%20in%20unserer%20Rubrik. Zugegriffen: 12. August 2024

10. Dweck C (2007) Mindset: The New Psychology of Success. Random House Publishing Group, New York

3

Global-Leadership-Modell

Zusammenfassung Die Herausforderungen der Führung im globalen Kontext benötigen einen strukturierten Ansatz, um diese Komplexität systematisch aufzulösen. Die Führung selbst stellt dabei bereits einen multidimensionalen Ansatz dar, der die Führungskraft, die Mitarbeiter und das Umfeld einschließt. Das Global-Leadership-Modell (GLM) ist die Antwort auf die Komplexität, um Führungskräfte in ihrer Entwicklung zu Global-Leadern zu unterstützen. Mit den 5 Dimensionen Kultur, Beziehungen, Perspektive, Prozesse und Transformational Leadership schafft es einen umfassenden Blick auf die Führung im globalen Kontext. Das vorliegende Kapitel behandelt dieses Modell und alle seine Dimensionen, damit Global-Leader auf dieser Basis für sich und Ihre herausfordernde Führungsaufgabe die notwendigen Ableitungen treffen können.

Das vorherige Kapitel hat die Herausforderungen der Globalisierung intensiv beleuchtet und dabei viele Faktoren aufgezeigt und thematisiert, die es zu berücksichtigen gilt, wenn man als Global-Leader erfolgreich sein möchte. Die daraus gewonnene Essenz umfasst die Erkenntnis, dass sich Führung im globalen Kontext äußerst komplex darstellt, wobei die

Komplexität durch die vielen verschiedenen Variablen und Unbekannten in der Führungsgleichung entstehen. Global-Leadern fällt es damit mitunter schwer, die richtigen Entscheidungen zu treffen.

Der Wirtschaftsnobelpreisträger Daniel Kahnemann hat dazu in seinem Bestseller „Thinking, Fast and Slow (2021) " die Art und Weise untersucht, wie Menschen Entscheidungen fällen. Dabei unterscheidet er zwischen zwei Denksystemen: System 1, das schnell, automatisch und intuitiv arbeitet, und System 2, das langsam, analytisch und überlegt vorgeht. Um schnelle Entscheidungen zu treffen und den ständig wechselnden Anforderungen gerecht zu werden, neigen Global-Leader aufgrund der hohen Komplexität dazu, häufig auf das System-1-Denken zurückzugreifen. Die schnellen Schlussfolgerungen aus dieser Denkweise können jedoch zu Fehlentscheidungen führen, insbesondere wenn kulturelle Nuancen und internationale Dynamiken übersehen werden. Die Reduktion von Komplexität durch System 1 mag kurzfristig verlockend erscheinen, birgt aber langfristig Risiken, da wichtige Details und tiefere Analysen vernachlässigt werden [1].

Um diesen Herausforderungen in der globalen Führung effektiv zu begegnen, ist es unerlässlich, das System-2-Denken zu aktivieren. Durch bewusstes, langsames Denken können Führungskräfte dabei die globalen Zusammenhänge besser analysieren, fundierte Entscheidungen treffen sowie die kulturellen Unterschiede und internationalen Märkte berücksichtigen. Um ihre Führungsgleichung zu vereinfachen und ihr Denken in Richtung System 2 zu lenken, wurde das GLM entwickelt. Damit schaffen Sie für sich eine Auflösung der unterschiedlichen Parameter im Rahmen der globalen Führung. Zudem wird die Komplexität reduziert und es entstehen greifbare Elemente. Sie instruieren damit Ihr Gehirn, öfter im System 2 zu denken, anstatt sich der Verlockung von System 1 hinzugeben. Der Effekt dabei ist, dass Sie erfolgreicher in der Führung werden, da Sie analytisch, strukturiert und überlegt handeln.

Das GLM stellt die Führung und das Verhalten eines Global-Leaders dar. Durch die Eigenschaften eines Global-Leaders (siehe Kap. 4) in Verbindung mit der zielgerichteten Anwendung des GLM wird die Wahrscheinlichkeit des Erfolgs deutlich erhöht.

3.1 Führung in Organisationen

Seit nahezu zwei Jahrhunderten beschäftigt sich die Wissenschaft intensiv mit der Führung von Organisationen. Im Lauf der Zeit wurden dabei zahlreiche Definitionen und Ansätze entwickelt, die stark von der jeweiligen Epoche und dem Kontext beeinflusst sind. Was vor einigen Jahrzehnten noch als fortschrittlich galt, unterscheidet sich erheblich von den heutigen Standards. Heute sind Begriffe wie „New Work" und „New Leadership" prägend. Selbst die Coronapandemie hat an diesen Entwicklungen nur wenig geändert, da die Transformation bereits vor der Pandemie begonnen hatte.

Aktuelle Themen wie die Work-Life-Balance, die Generation Z, Digitalisierung und die BANI-Welt (Brittle, Anxious, Non-linear, Incomprehensible) prägen die Diskussionen in der Führungstheorie. Diese Konzepte zeigen, dass es keine einfache und eindimensionale Antwort auf die Frage gibt, was eine gute Führung ausmacht. Im Kontext der globalen Führung versuchen wir uns in diesem Kapitel an einer Annäherung an die Definition einer guten Führung im internationalen Kontext.

Um ein umfassendes Bild zu erhalten, ist es für Global-Leader entscheidend, sich mit bestehenden Führungstheorien auseinanderzusetzen und diese kritisch zu reflektieren.

Führung ist eng mit Inspiration verbunden. Lassen wir uns damit von einer herausragenden Führungskraft aus der Vergangenheit hinsichtlich der Sichtweise von Führung inspirieren: dem damaligen CEO von Apple, Steve Jobs. Ihm wird folgendes Zitat zugeschrieben:

„Management is about persuading people to do things they do not want to do, Leadership is about inspiring people to do things they never thought they could achieve." (Eigene Übersetzung: „Im Management geht es darum, Menschen zu überreden, Dinge zu tun, die sie nicht wollen. Im Leadership geht es darum, Menschen zu inspirieren, Dinge zu tun, von denen sie nie dachten, dass sie sie erreichen könnten.") [2]-

Auch der weltweit bekannte und anerkannte Unternehmer, Autor vieler Bestseller und Redner Seth Godin hat dazu Folgendes formuliert:

„Leaders find processes and routes, managers follow processes." (Eigene Übersetzung: „Leader finden Prozesse und Wege, Manager folgen Prozessen.") [3]

Anhand dieser beiden Beispiele wird bereits deutlich, wie sich Management von Führung abgrenzt. Noch klarer werden dabei die Bedeutung und der Umfang von Führung.

> Als Führungskraft inspirieren wir Menschen und erreichen gemeinsam
> Ziele. Dafür nutzen wir Führungstheorien, wenden Modelle an und ent-
> wickeln uns selbst als Führungskraft stetig weiter.

Zurück in die Vergangenheit: Die Führungstheorien stellen an sich be-
reits ein sehr umfassendes Thema dar. So wie sich die Definition von Füh-
rung über die Jahrzehnte entwickelt hat, haben sich auch zahlreiche
Führungstheorien dazu entwickelt – von der anfänglichen Great-Man-
Theorie (Führungskräfte werden geboren und nicht entwickelt) bis hin zu
heute, wo wir grundsätzlich zwischen transaktionaler und transformativer
Führung unterscheiden [18]. Die transaktionale Führung (Transactional-
Leadership) basiert auf klaren Strukturen, Belohnungen und Bestrafungen.
Die Grundidee ist einfach: Führungskräfte formulieren ihre Erwartungen
eindeutig und bieten Belohnungen an, wenn diese erfüllt werden. Bei
Nichterfüllung hingegen folgen Konsequenzen. Eine klassische An-
wendung in Unternehmen finden wir dabei in Vertriebsabteilungen, wo
Mitarbeiter einerseits bei einem erfolgreichen Abschluss eines neuen Kun-
den eine Provision erhalten, während andererseits Konsequenzen folgen,
wenn die Vertriebsziele mehrmals in Folge nicht erreicht werden.

Näher an der Inspiration von Steve Jobs und Seth Godin ist hier die
transformative Führung (Transformational-Leadership), deren Kern es
ist, Mitarbeiter zu inspirieren, zu motivieren und zu befähigen, über ihre
eigenen Interessen hinauszugehen, um so zum Wohl der Organisation
beizutragen. Dies stellt eine Form der Führung dar, wie wir sie auch von
Start-ups kennen. Ausgehend von einer starken Vision des Gründers bzw.
des Gründerteams werden neue Mitarbeiter motiviert, über sich selbst
hinauszuwachsen, mehr Verantwortung zu übernehmen, eine breitere
Rolle einzunehmen und Flexibilität an den Tag zu legen.

Transformation von Stripe

Ein aktuelles Beispiel für eine transformative Führung in einem Start-up liefert Patrick Collison, der Mitbegründer und CEO von Stripe. Stripe ist ein Fintech-Unternehmen, das Online-Zahlungslösungen anbietet und 2010 gegründet wurde. Unter Collisons Führung hat Stripe die Art und Weise, wie Unternehmen weltweit Zahlungen abwickeln, grundlegend verändert.

Patrick Collison hat Stripe von einem kleinen Start-up zu einem der wertvollsten privaten Technologieunternehmen der Welt transformiert. Heute nutzen Unternehmen jeder Größe die Software-Plattform, um Zahlungen unkompliziert zu akzeptieren, zu verwalten und zu optimieren. Dabei setzte der CEO von Anfang an auf eine einfache, entwicklerfreundliche Plattform, die es Unternehmen ermöglicht, Zahlungsabwicklungen nahtlos in ihre Online-Dienste zu integrieren.

Collins Vision von Beginn an war es, die komplexe Welt der Online-Zahlungen zu vereinfachen und für Unternehmen jeder Größe zugänglich zu machen. Durch ständige Innovation hat Stripe sein Angebot etwa in den Bereichen Unternehmensfinanzierung und Finanzinfrastruktur stetig erweitert, wodurch das Unternehmen zu einem unverzichtbaren Akteur im globalen Finanzsystem geworden ist.

Diese Vision war es, die Collins im Rahmen seines transformativen Führungsstils stets seinem Team vermittelt hat [4].

Es wäre zweifellos die beste Lösung, sich für eine der beiden Führungstheorien zu entscheiden oder ganz auf die transformative Führung zu setzen. In der Praxis ist dies jedoch nicht immer möglich. Denken Sie beispielsweise an eine mögliche Krise im Unternehmen: Ein Cyberangriff hat die gesamte IT-Infrastruktur lahmgelegt und Ihr Unternehmen ist de facto handlungsunfähig. Als Leiter der IT-Abteilung haben Sie sich zuvor für die transformative Führung entschieden, das heißt, Sie inspirieren Ihre Mitarbeiter, die anhaltende Krise mit viel Engagement und Motivation zu lösen. In der Praxis wird diese gewählte Theorie hierbei jedoch an ihre Grenzen stoßen, weshalb an der Stelle die Prinzipien der transaktionalen Führung zur Anwendung gelangen und die Mitarbeiter eng geführt werden, bis die Krise überstanden ist. Demnach ist es von entscheidender Bedeutung, dass Sie je nach Situation die passende Führungstheorie wählen.

Dasselbe gilt für eine Führungskraft in einer rein lokalen Umgebung. Auch hier wird die eigene Situation stark von der Branche, der nationalen Kultur, der Unternehmenskultur und anderen Faktoren beeinflusst, weshalb in vielen Branchen und Organisationstypen auch heute noch der transaktionale Führungsstil der dominierende ist. Denken Sie etwa an Einsatzkräfte, im Militärwesen oder in klassischen Fertigungsbetrieben.

Bei der Führung einer globalen Organisation verhält es sich jedoch anders, denn als Global-Leader sehen Sie sich hierbei zudem mit der globalen Komponente und den zuvor beschriebenen Herausforderungen konfrontiert. Diese werden zu einem wesentlichen Bestandteil ihrer aktuellen Führungssituation, eine Situation, die sich regelmäßig ändert und bei der parallelen Führung mehrerer Organisationen in verschiedenen Ländern stets neu betrachtet werden muss.

> Was es dazu braucht, um eine gute Führung auch im Kontext der Globalisierung zu ermöglichen, ist ein Modell, das die Komplexität der Führung und der Situationen reduziert – ein GLM.

3.2 Modell für die globale Führung

Christian Pobbig, Founder & CEO Beyond Chiefs, Global Executive Search

„Um Global-Leadership im Detail zu verstehen, ist es notwendig, den Begriff zu dekonstruieren und ihn anschließend in den Kontext der Globalisierung zu stellen. Modelle sind unverzichtbar, um die gesamte Bandbreite von Global-Leadership zu erfassen. Die zentralen Faktoren setzen sich dabei aus interkultureller Kompetenz, Agilität und Anpassungsfähigkeit, emotionaler Intelligenz sowie Ethik und Verantwortung zusammen — immer in Kombination mit der Komplexität, die die Globalisierung mit sich bringt. Erst durch die Verbindung mit dem wissenschaftlichen Konsens lassen sich Lösungen für Global-Leadership finden. Bekannte Modelle wie das von Hofstede bieten hierbei wertvolle Unterstützung."

Führung in einem globalen Kontext erfordert weit mehr als die traditionellen Fähigkeiten, die in nationalen oder regionalen Führungssituationen gefragt sind. Die Herausforderungen sind vielfältiger, die Kulturunterschiede komplexer und die Erwartungen an eine Führungskraft oft höher. Wer bereits in einem kleineren nationalen Rahmen erfolgreich geführt hat, bringt die notwendigen Grundlagen mit – von der Fähigkeit, Teams zu motivieren und zu steuern, bis hin zum strategischen Denken und zur Entscheidungsfindung unter Unsicherheit.

Diese Erfahrungen sind unverzichtbar, um die zusätzlichen Anforderungen an die globale Führung meistern zu können. Ein Global-Leader muss über ausgeprägte interkulturelle Kompetenzen verfügen und ein tiefes Verständnis für die Dynamiken internationaler Märkte, geopolitische Einflüsse und globale Wirtschaftstrends entwickeln. Eine solide Grundlage an Führungserfahrung ist unerlässlich, um die Komplexität und Vielschichtigkeit globaler Führungsaufgaben erfolgreich zu meistern. Die Fähigkeit, unterschiedliche Perspektiven zu integrieren und in verschiedenen kulturellen Kontexten effektiv zu agieren, erfordert ein hohes Maß an Selbstbewusstsein und Führungskompetenz. Diese Eigenschaften werden durch Erfahrung geformt und gestärkt.

> Nur wer diese solide Grundlage mitbringt oder aktiv entwickelt, ist in der Lage, sich zu einem effektiven globalen Leader zu entwickeln.

3.2.1 Modell

Petra-Stefanie Madlé, Dozentin für Leadership und interkulturelle Kommunikation an mehreren Hochschulen

„Führung bedeutet nicht nur, andere Menschen zu leiten, sondern auch darum, sich selbst zu entdecken und weiterzuentwickeln. Dieser Aspekt der Selbstführung spielt im Bereich des Global-Leadership[s] eine besonders wichtige Rolle, da die Herausforderungen auf internationaler Ebene deutlich komplexer sind als in rein lokalen Strukturen. Während lokale Führung oft in einem vertrauten kulturellen Kontext stattfindet, erfordert globale Führung ein tiefes Verständnis und eine Auseinandersetzung mit unterschiedlichen Kulturen, Denkweisen und Herangehensweisen.

Ein zentraler Bestandteil dieser Entwicklung ist die Selbstreflexion. Im Rahmen dieses Prozesses stellt man sich selbstkritische Fragen: Welche Vorurteile trage ich in mir? Welche Stereotype habe ich über andere Kulturen, vielleicht unbewusst, verinnerlicht? Wie beeinflussen diese Annahmen mein Verhalten gegenüber Menschen aus anderen kulturellen Hintergründen? Diese Reflexion ist von großer Bedeutung,

weil sie dazu beiträgt, unbewusste Denkmuster zu erkennen und abzulegen, die sonst die Interaktion und Zusammenarbeit auf globaler
Ebene negativ beeinflussen könnten.

Die bewusste Auseinandersetzung mit diesen Fragen und die aktive
Selbstentwicklung, die daraus entsteht, haben unmittelbare Auswirkungen darauf, wie Global-Leader agieren. Sie beeinflussen, wie
wir anderen Menschen begegnen, wie wir auf ihre Bedürfnisse eingehen und wie wir mit ihnen kommunizieren. Letztlich formt dieser
Prozess, wie wir führen: eine Führung, die nicht nur auf fachlicher
Kompetenz, sondern auch auf kulturellem Bewusstsein, Offenheit und
Empathie beruht. So wird es möglich, als Global-Leader Brücken zwischen unterschiedlichen Kulturen zu bauen und gemeinsam auf ein gemeinsames Ziel hinzuarbeiten."

Jedes System besteht aus einem Kern von Elementen. Im unternehmerischen Umfeld kennen wir Modelle aus dem Management wie etwa das
7S-Modell von McKinsey, den PDCA-Zyklus von Deming oder das
Change-Management-Modell von Lewin, die versuchen Systeme in
Form dieser Modelle darzustellen. Ohne näher auf die Details dieser Modelle einzugehen, haben alle eines gemeinsam: Sie bestehen aus Elementen, die miteinander in Beziehung stehen, um ein spezifisches Problem zu
lösen, eine Herausforderung zu meistern oder eine bestehende Situation
zu verbessern. Ähnlich der Situation im Global-Leadership, in dem 5
Elemente das GLM formen, wie in Abb. 3.1 dargestellt.

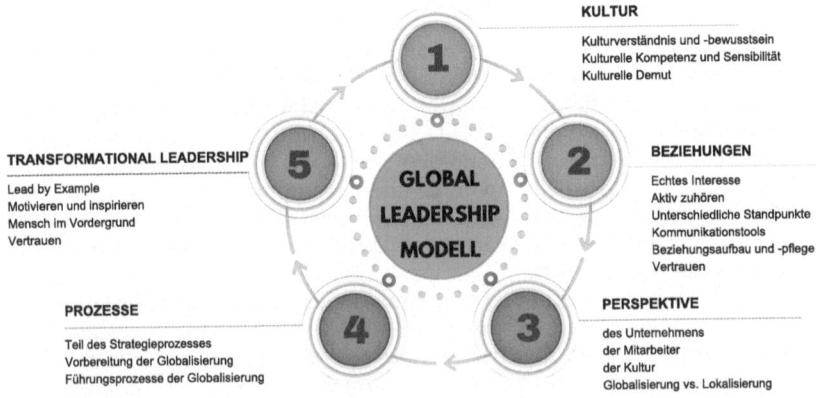

Abb. 3.1 Global-Leadership-Modell (GLM). (Quelle: Eigene Darstellung)

Die 5 Elemente des GLM

„Kultur" stellt eine Dimension dar, welche die Bedeutung der kulturellen Unterschiede und Gemeinsamkeiten in internationalen Teams hervorhebt. Ein erfolgreicher Global-Leader ist in der Lage, kulturelle Nuancen zu erkennen, und kreiert eine inklusive und respektvolle Arbeitsumgebung.

„Beziehungen" sind ein zentraler Bestandteil des Modells. Global-Leader bauen sowohl innerhalb der globalen Organisation als auch mit externen Partnern und Kunden starke Netzwerke auf und pflegen diese. Solche Beziehungen sind entscheidend für die erfolgreiche Umsetzung von Strategien und die Erreichung von Zielen.

Die Dimension „Perspektive" bezieht sich auf die Fähigkeit, unterschiedliche kulturelle und wirtschaftliche Kontexte zu erfassen und zu berücksichtigen. Global-Leader nehmen verschiedene Perspektiven ein und treffen ihre Entscheidungen auf Basis eines umfassenden Verständnisses globaler Märkte und Kulturen.

„Prozesse" beschreibt die Strukturen und Systeme, die erforderlich sind, um effizient und erfolgreich zu führen. Dies beinhaltet sowohl die Implementierung standardisierter Verfahren als auch die Anpassung an lokale Gegebenheiten, um die Effektivität der Führung zu maximieren.

„Transformational-Leadership" stellt den Kern des Modells dar und meint die Fähigkeit, Mitarbeiter zu inspirieren und dahingehend zu motivieren, über ihre eigenen Interessen hinauszugehen sowie gemeinsam für das Wohl der Organisation zu arbeiten. Dies ist besonders wichtig im internationalen Kontext, wo unterschiedliche kulturelle Hintergründe und Erwartungen aufeinandertreffen. Eine Führungskraft, die transformational führt, kann durch eine klare Vision und inspirierende Kommunikation ein Engagement bei den Mitarbeitern auslösen, um gemeinsam Ziele zu erreichen.

Eine umfassende Analyse und Darstellung der einzelnen Dimensionen sowie die Frage, wie diese zusammenwirken müssen, um eine effektive und nachhaltige globale Führung zu ermöglichen, wird in den folgenden Kapiteln thematisiert. Ziel dabei ist es, Führungskräften ein Werkzeug an die Hand zu geben, das ihnen hilft, die komplexen Anforderungen an die Globalisierung zu meistern und in einem dynamischen internationalen Umfeld erfolgreich zu agieren.

Nachdem wir die 5 Kernelemente des GLM nun kennen, ist es an der Zeit, die Erkenntnisse daraus auf Sie zu übertragen. Die Selbstanalyse am Ende des Buches verrät Ihnen im Detail, wo Sie sich auf Ihrem Weg zum Global-Leader befinden. Sie können die Selbstanalyse auch online (https://www.global-fuehren.com/) ausfüllen. Einige der Begriffe darin werden Ihnen beim ersten Bearbeiten vielleicht noch nicht vollständig klar sein, diese werden aber in den folgenden Kapiteln erläutert.

> **Tipp**
>
> Füllen Sie im Rahmen Ihrer Transformation zum Global-Leader diese Selbstanalyse alle 90 Tage aus, um Ihre Fortschritte zu dokumentieren. Nach jedem Ausfüllen sollte sich Ihr Prozentsatz verbessern. Dabei ist jedoch anzumerken, dass es unwahrscheinlich ist, dass man sich von einer Analyse zur nächsten beispielsweise von 20 % auf 80 % steigert. Die Entwicklung zum Global-Leader ist ein Prozess, der seine Zeit braucht.

Füllen Sie nun die Selbstanalyse am Ende des Buches aus aus.

Haben Sie alle Fragen beantwortet, so bilden Sie die Summe jeder Spalte und in weiterer Folge die Gesamtsumme aller Spalten.

> **Betrachten Sie nun die Interpretation Ihrer Punktzahl:**
>
> **72–144 Punkte, Beginn der Reise als Global-Leader**
> Sie stehen am Anfang Ihrer Reise zum Global-Leader. Um Ihre Rolle als Global-Leader zu stärken, ist es wichtig, sich darauf zu konzentrieren, Ihr Wissen über globale Trends zu erweitern, kulturelle Nuancen zu verstehen und stärkere Kommunikationsstrategien zu entwickeln, die in verschiedenen Teams funktionieren. Setzen Sie sich auch aktiv mit Führung auseinander und versuchen Sie bereits, im lokalen Umfeld transformativ zu führen. Lesen Sie das Buch sorgfältig durch, notieren Sie sich die wesentlichen Elemente und entwickeln Sie für sich einen Umsetzungsplan.
>
> **145–216 Punkte, Verständnis für Global-Leadership**
> Sie haben bereits ein Verständnis für Global-Leadership. Sie lernen aktiv, wie Sie mit unterschiedlichen kulturellen Perspektiven umgehen können. Es gibt jedoch noch Raum für Verbesserungen bei der Umsetzung dieser Ideen in Ihrer täglichen Arbeit als Führungskraft. Sie sind jedoch auf dem besten Weg, anpassungsfähiger und globaler zu denken, aber Sie müssen Ihre Fähigkeiten in vielen Bereichen noch ausbauen. Sie werden in dem Buch zahlreiche Hinweise finden, wie Sie jene Bereiche, die Sie noch ausbauen sollten, verbessern. Kommen Sie immer wieder auf diese Kapitel zurück und wenden Sie diese gezielt in Ihrer täglichen Führungsarbeit an.
>
> **217–288 Punkte, kompetenter Global-Leader**
> Sie zeigen ein solides Verständnis für Global-Leadership. Sie sind in der Lage, mit unterschiedlichen Teams zusammenzuarbeiten, Strategien zu ent-

wickeln und mit gutem Beispiel voranzugehen. Sie haben ein klares Verständnis für globale Trends und lassen dieses Wissen regelmäßig in Ihre Führungspraktiken einfließen. Ihre Fähigkeit, kulturübergreifend zu inspirieren und zu kommunizieren, ist offensichtlich, und Sie setzen sich für die Förderung von Innovation und Zusammenarbeit in Ihrem Team ein. Um jedoch die nächste Stufe zu erreichen, sollten Sie in Betracht ziehen, sich eingehender mit den Details des Global-Leaderships zu befassen. Allen voran auch mit komplexen Themen rund um Vision, Innovation und kultureller Demut. Durch Ihr Verständnis der Herausforderung von Global-Leadership werden Sie in dem Buch gezielt Elemente finden, mit denen Sie Ihre Führungsqualitäten verbessern können.

280–360 Punkte, Global-Leadership-Experte
Sie sind ein vorbildlicher Global-Leader. Sie stellen immer wieder unter Beweis, dass Sie in der Lage sind, komplexe kulturelle, organisatorische und globale Herausforderungen zu meistern. Sie führen mit Vision und Weitblick, Integrität und einem tiefen Verständnis für die unterschiedlichen Perspektiven innerhalb Ihres Teams und Ihrer Organisation. Ihre Kommunikationsfähigkeiten sind äußerst anpassungsfähig. Sie verstehen es, Ihre Mitarbeiter zu inspirieren, und schaffen ein motivierendes Umfeld. Sie zeichnen sich durch den Aufbau starker, innovativer Teams aus, die von Kreativität und gemeinsamen Zielen leben. Ihre Führungsqualitäten gehen über die unmittelbaren organisatorischen Ziele hinaus. In Ihrem täglichen Handeln konzentrieren Sie sich auf langfristige globale Auswirkungen. Sie werden in dem Buch noch Impulse finden, die Sie an den oberen Rand der Skala führen.

3.2.2 Kultur

Ein chinesisches Unternehmen in den USA

Süddeutschland, 2019. Wir hatten gerade unsere neue Firmenzentrale in einem Bürogebäude bezogen, das zuvor von Fuyao Glass genutzt worden war, einem chinesischen Hersteller von Autoglas, von dem ich bis dato noch nichts gehört hatte. Kurze Zeit später erfuhr ich, dass über Fuyao Glass eine Netflix-Dokumentation gedreht wurde. Die Doku mit dem Namen „American Factory" beleuchtet die schwierige Expansion des Unternehmens in die USA, die vor allem aufgrund kultureller Unterschiede herausfordernd verlief.

Die chinesischen Eigentümer hatten versucht, ihre Arbeitsweise, ihre Prozesse und Einstellung zur Arbeit direkt in den USA anzuwenden. Während die chinesischen Führungskräfte und Arbeiter effiziente und straffe Arbeitsmethoden gewohnt sind, standen sie vor der Herausforderung, sich

an die amerikanischen Arbeitsnormen und die Arbeitsweise der US-amerikanischen Arbeiter anzupassen.

Hierbei traten die Differenzen in der Arbeitsmoral und den Erwartungen
zutage. Beispielsweise wurden amerikanische Arbeiter von den chinesischen Managern oft als weniger diszipliniert wahrgenommen. Sie hatten
Schwierigkeiten, die amerikanischen Kollegen zu motivieren und mit den
lokalen Gewerkschaftsstandards umzugehen. Die sozialen und politischen
Spannungen, die durch die Arbeitsbedingungen und die unterschiedliche
Arbeitskultur entstehen, werden in der Doku ebenso thematisiert und
dabei Konflikte zwischen den chinesischen Führungskräften und den amerikanischen Arbeitern deutlich, insbesondere im Hinblick auf Sicherheits-
standards, Bezahlung und Arbeitszeiten.

Trotz anfänglicher Schwierigkeiten zeigt der Film, wie beide Seiten versuchen, ihre Differenzen zu überwinden, sich anzupassen und daran arbeiten, ein gegenseitiges Verständnis zu entwickeln. Damit einhergehend beginnt die Fabrik, erfolgreich zu produzieren. Der Film endet mit einem
nachdenklich stimmenden Blick auf die Auswirkungen der Globalisierung
auf die Arbeitswelt. Er zeigt die Herausforderungen, die internationale Investitionen mit sich bringen, und thematisiert die Kosten der wirtschaftlichen Umstrukturierung [5].

Der Film hat im Jahr 2020 den Oscar für den besten Dokumentarfilm
erhalten.

Das Beispiel von Fuyao Glass bestätigt die im Kapitel „Herausforderungen" (siehe Abschn. 2.5) diskutierte Situation rund um die Kultur, welche eine der größten, wenn nicht die größte Herausforderung, die
es im Zuge der Globalisierung zu bewältigen gilt, darstellt. Global-Leader
implementieren Veränderungen, binden fremde Organisationseinheiten
ein und führen Menschen sowie ganze Organisationen in entfernte Länder. Es liegt damit an Ihnen, sich der kulturellen Herausforderung bewusst zu sein und Strategien zu entwickeln, um diese zu lösen.

Kultur ist ein Geflecht von gemeinsamen Werten, Überzeugungen
und Normen, das tief in den sozialen Strukturen und täglichen Interaktionen verankert ist. Sie ist so tief in uns verwurzelt, dass wir uns in der
Regel keine Gedanken darüber machen. Diese kulturellen Elemente sind
oft nicht direkt sichtbar, doch sie prägen, wie wir denken, jedoch nicht,
was wir denken. Stattdessen manifestieren sich diese Elemente subtil in
unserem Verhalten und in den sozialen Normen, die unser Handeln leiten.

Während diese unsichtbaren Aspekte der Kultur die Art und Weise prägen, wie Menschen denken und agieren, ist es oft schwierig, sie direkt zu

beobachten oder zu messen. Ebenso fällt es vielen Menschen schwer, Kultur als Begriff zu definieren und sie in weiterer Folge gar zu kategorisieren. Geert Hofstede, ein renommierter Kulturwissenschaftler und Sozialpsychologe, hat sich an ebendieser Aufgabe versucht und ein Modell zur Erklärung des Begriffs Kultur entwickelt. Hofstede beschreibt dabei 6 Dimensionen, mit denen sich die Kultur eines Landes beschreiben lässt [6]. Jede dieser 6 Dimensionen weist eine Bandbreite auf, in die sich die Länder einordnen.

1. Machtdistanz

Der Index der Machtdistanz berücksichtigt das Ausmaß, in dem Ungleichheit und Macht toleriert werden. Ein hoher Machtdistanz-Index dient als Indikator dafür, dass eine Kultur Ungleichheit und Machtunterschiede akzeptiert. Sie fördert Bürokratie und zeigt großen Respekt vor Rang und Autorität. Ein niedriger Machtdistanzindex deutet hingegen darauf hin, dass eine Kultur flache Organisationsstrukturen fördert. Die Entscheidungsverantwortung ist dabei dezentral, der Führungsstil partizipativ und der Aspekt der Machtverteilung wird betont. Führungskräfte in Ländern mit hoher Machtdistanz spielen oft eine dominierende Rolle und Entscheidungen folgen in der Regel einer klaren Entscheidungshierarchie. Kulturen mit einer niedrigen Machtdistanz hingegen bevorzugen eine gleich gerichtete Verteilung von Macht und es wird ein stärkeres Mitspracherecht für alle Ebenen der Organisation gefordert.

2. Individualismus vs. Kollektivismus

Diese Dimension misst, ob in einer Kultur das Wohl des Einzelnen oder jenes der Gruppe in den Vordergrund gestellt wird. In individualistischen Kulturen legen Menschen Wert auf persönliche Freiheit und Unabhängigkeit. Individuelle Errungenschaften und Eigenverantwortung sind wichtig, soziale Bindungen dagegen eher lockerer. In kollektivistischen Kulturen hingegen wird das Wohl der Gruppe oder Gemeinschaft über das individuelle Interesse gestellt. Personen identifizieren sich stark mit ihrer Gruppe und fühlen sich verpflichtet, zum Wohl der Gemeinschaft beizutragen. Diese unterschiedlichen Sichtweisen haben auch verschiedene Auswirkungen auf die Führung: In Kulturen, in denen der Individualismus stark ausgeprägt ist, ist der eigene Vorteil von hoher Priorität und es ist deutlich schwieriger, ein Team zu formen. In kollektivistischen Kulturen hingegen zählt die Gemeinschaft und darin meist die lokale Gemeinschaft, wodurch es wiederum zu einer Herausforderung für Global-Leader wird, hier eine starke Verbindung zu anderen Ländern und der Gemeinschaft in einem globalen Team herzustellen.

3. Maskulinität vs. Femininität

Diese Dimension beschreibt, wie stark traditionelle, geschlechtsspezifische Rollen und Werte in einer Kultur betont werden. In maskulinen Kulturen sind Merkmale wie Durchsetzungsvermögen, Leistungsorientiertheit und Erfolg wichtig, in femininen Kulturen schätzt man hingegen Werte wie Fürsorglichkeit, Lebensqualität und Zusammenarbeit höher. Maskuline Kulturen fördern den Wettbewerb und Leistungsdruck, feminine Kulturen legen eher Wert auf Kooperation und Gleichberechtigung. Die Auswirkungen auf die Führung im globalen Kontext und die Herausforderungen, die daraus entstehen, sind offensichtlich.

4. Unsicherheitsvermeidung

Unsicherheitsvermeidung beschreibt, wie stark sich Mitglieder einer Kultur durch Unsicherheit und Unvorhersehbarkeit bedroht fühlen und in welchem Ausmaß sie dabei versuchen, diese Bedrohungen durch Regeln, Vorschriften und Sicherheitsmaßnahmen zu vermeiden. Kulturen mit hoher Unsicherheitsvermeidung neigen dazu, klare Regeln und Strukturen zu etablieren, um Unsicherheit zu minimieren. In Kulturen mit niedriger Unsicherheitsvermeidung hingegen akzeptieren die Menschen Unsicherheit als Teil des Lebens und zeigen sich öfter und schneller bereit, Risiken einzugehen und Veränderungen zu akzeptieren. Global-Leadership ist stets mit Veränderungen verbunden. Das Wissen um die Unsicherheitsvermeidung kann Global-Leader dabei unterstützen, die richtigen Methoden zu wählen.

5. Langfristige vs. kurzfristige Orientierung

Diese Dimension untersucht, wie stark Kulturen langfristige Perspektiven und Geduld im Vergleich zu kurzfristigen Vorteilen und schnellen Ergebnissen betonen. Kulturen mit langfristiger Orientierung legen Wert auf Ausdauer, auf Planung sowie die Anpassung an veränderte Umstände und arbeiten auf zukünftige Belohnungen hin. Kurzfristig orientierte Kulturen fokussieren sich hingegen auf unmittelbare Ergebnisse, legen Wert auf Traditionen sowie die Erfüllung von sozialen Verpflichtungen im Hier und Jetzt. In der Führung globaler Teams ist der transformationale Führungsstil stark ausgeprägt, also das Führen über eine Vision, über langfristige Ziele und die Chancen, die sich ergeben. Dies in kurzfristig orientierten Kulturen zu etablieren, stellt eine enorme Herausforderung dar.

6. Nachgiebigkeit vs. Beherrschung

Diese Dimension beschreibt, wie stark eine Kultur das Streben nach Lebensfreude und Genuss betont beziehungsweise wie sehr Bedürfnisse und Wünsche reguliert und zurückgehalten werden. In nachgiebigen Kulturen haben Menschen eine hohe Tendenz für den Genuss von Lebensfreuden und das Ausleben ihrer Wünsche. In Kulturen mit hoher Beherrschung wiederum regulieren soziale Normen das Verhalten stärker und die Menschen üben sich primär in Disziplin und Zurückhaltung.

Das Wissen um diese Dimensionen und deren Ausprägungen in jenen Ländern, in denen man aktiv ist, fördert das **kulturelle Bewusstsein**. Es macht Unterschiede deutlich, die das Handeln als Global-Leader stark beeinflussen. Dabei kann das reine Wissen um kulturelle Unterschiede sehr bereichernd, aber auch frustrierend sein – vor allem dann, wenn eine andere Kultur sich in einer oder mehreren Dimensionen diametral zur eigenen Kultur verhält. Wir werden im Laufe unseres Lebens sowohl privat als auch beruflich von unserer Kultur geprägt, weshalb wir von Anfang an daran gewöhnt sind, dass es beispielsweise eine hohe Machtdistanz gibt. Treffen wir nun auf eine Kultur mit einer niedrigen Machtdistanz und führen dort unseren Führungsstil weiter, wird es zu Konflikten kommen. An diesem Punkt der interkulturellen Zusammenarbeit ist es entscheidend, sich stärker von seiner eigenen Kultur zu lösen und die Perspektive zu wechseln. Wie sich nun Länder zueinander verhalten und welche Ausprägungen diese gemäß den 6 Dimensionen

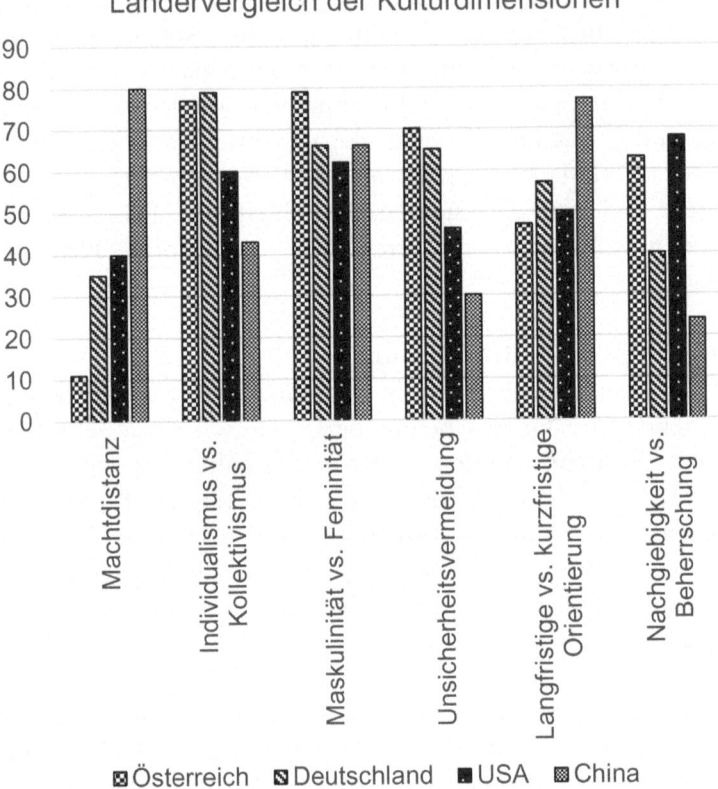

Abb. 3.2 Ländervergleich der Kulturdimensionen. (Quelle: in Anlehnung an Hofstede)

haben, wird am Beispiel von Österreich, Deutschland, den USA und China in Abb. 3.2 dargestellt.

Auch wenn das kulturelle Bewusstsein die Basis darstellt, gibt es in der Kultur noch weitaus mehr zu entdecken. So wie das eigene Land und damit die eigene Kultur sind auch Menschen in fremden Ländern geprägt durch politische Systeme, Wirtschaft, Religion, Geschichte, Demografie, Bildung und vieles mehr.

> **Beispiel**
>
> In den letzten Jahren durfte ich immer wieder Teams aus Südafrika leiten. Mit der beeindruckenden Geschichte Südafrikas rund um die Kolonialisierung und Apartheid hat es sich bis heute zu einem sehr diversen Land entwickelt. Als Beispiel betrug die Arbeitslosenquote im Jahr 2023 rund 28,00 % [7], womit Südafrika in diesem Zusammenhang weltweit auf Platz 2 lag. Ein Fakt, der Auswirkungen auf viele Bereiche der Kultur hat und damit auch die Führung von Teams und Mitarbeitern maßgeblich beeinflusst.

Das Wissen um fremde Kulturen und wo sich diese hinsichtlich der Dimensionen nach Hofstede befinden, ist damit noch zu wenig. **Kulturelle Kompetenz** entwickelt man erst, wenn man das kulturelle Bewusstsein und Wissen auch praktisch anwendet beziehungsweise in einem fremden Land lebt oder arbeitet und die Kultur dort direkt erlebt. Kein Online-Meeting kann jemals eine Reise ersetzen, denn kulturelle Kompetenz bezieht sich auf die praktischen Fähigkeiten, die notwendig sind, um in unterschiedlichen kulturellen Umgebungen effektiv zu arbeiten. Sowohl verbale als auch nonverbale Kommunikationsstrategien, Konfliktlösungsansätze und die Fähigkeit, kulturelle Anpassungen vorzunehmen, um ein produktives Arbeitsumfeld zu schaffen, sind Teil der kulturellen Kompetenz. Es ist die tagtägliche Anwendung des kulturellen Wissens in Kombination mit ständiger Reflexion und Anpassung des eigenen Verhaltens.

Erst nach dieser vermehrten praktischen Anwendung kann sich das, was wir als **kulturelle Sensibilität** bezeichnen, entwickeln. Weniger die harten Fakten sind hier entscheidend, sondern vielmehr, die Perspektiven und Gefühle anderer Kulturen zu respektieren und zu berücksichtigen. Dabei geht es nicht nur darum, kulturelle Unterschiede zu erkennen, sondern sie auch zu schätzen und im täglichen Miteinander, in der Zusammenarbeit, im Team zu berücksichtigen. Sensibilität hilft Global-Leadern, Vertrauen aufzubauen. Sie fördert eine integrative Arbeitsatmosphäre, in der sich alle Mitarbeiter – lokal tätige wie auch jene an entfernten Standorten – gleichermaßen respektiert und wertgeschätzt fühlen.

Die Spitze der kulturellen Pyramide, wie in Abb. 3.3 dargestellt, bildet die **kulturelle Demut**. Diese beschreibt die Haltung, mit der Global-Leader kulturellen Unterschieden begegnen. Hierbei kennt man seine eigenen Grenzen, wenn es um das Wissen über andere Kulturen geht,

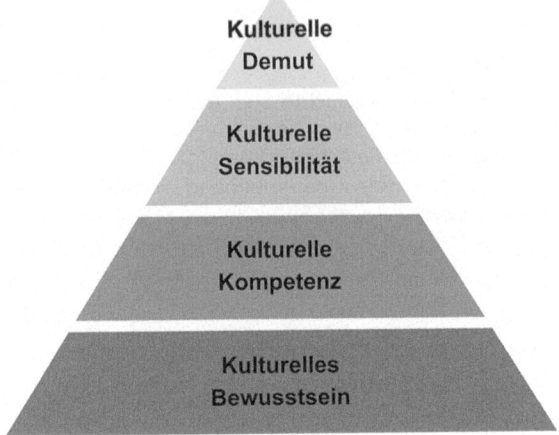

Abb. 3.3 Kulturpyramide. (Quelle: Eigene Darstellung)

und man ist bereit, kontinuierlich zu lernen, und will sich weiterentwickeln. Kulturelle Demut fördert eine respektvolle und offene Haltung, die es Global-Leadern ermöglicht, mit Menschen aus anderen Kulturen auf Augenhöhe zu interagieren und – vor allem – von ihnen zu lernen. So wie sich unsere eigene Kultur weiterentwickelt, entwickeln sich auch andere Kulturen weiter. Nur durch Demut werden wir gemeinsam mit unseren Mitarbeitern offen und empfänglich dafür sein, diese Veränderungen auch anzunehmen. Kritisch betrachtet bezieht sich Demut auch darauf, anzuerkennen, dass das Verständnis einer guten Führungskraft in verschiedenen Kulturen unterschiedlich ist. Unsere Definition einer guten Führungskraft unterscheidet sich demnach von jener in anderen Kulturen.

Auf dieser Basis können Global-Leader ein interkulturelles Team formen und Menschen anderer Kulturen führen. Hat man selbst kulturelle Kompetenz entwickelt und lebt die kulturelle Demut, ist es an der Zeit, diese auch in den Mitarbeitern zu fördern. Führung ist immer ein Austausch zwischen Führungskraft und Mitarbeiter, Kommunikation ist immer bidirektional. Dies muss berücksichtigt werden, um kulturelle Kompetenz im Team beziehungsweise in den Mitarbeitern entwickeln zu können – dabei soll auch das oben beschriebene Vorgehen unterstützen.

3.2.3 Beziehungen

Kulturelle Kompetenz ist die Voraussetzung dafür, gute und tiefe Beziehungen aufzubauen. Nur wenn man die kulturellen Gegebenheiten des Gegenübers kennt, wird man die notwendige Sensibilität entwickeln, um eine tiefe Beziehung einzugehen. Eine Beziehung, die auf Gegenseitigkeit beruht.

Diese Beziehungen sind sowohl im lokalen als auch im globalen Kontext für einen Global-Leader von Bedeutung, bilden diese doch die Basis für Führung, insbesondere in der transformativen Führung. Auch für die transaktionale Führung bilden Beziehungen die Grundlage, haben dort aber einen geringeren Einfluss auf den Führungserfolg, da die Führungsmechanik eine andere ist. Wir erinnern uns: In der transaktionalen Führung werden Ziele und Erwartungen kommuniziert und im Gegensatz dazu ein Bonus oder Bestrafung in Aussicht gestellt. Vereinfacht dargestellt. Die transformative Führung setzt auf Vision, Inspiration, Motivation und das Engagement der Mitarbeiter, was auch, wie wir in den weiteren Kapiteln noch sehen werden, die zentrale Führungstheorie im GLM darstellt.

> **Aufbau von Beziehungen**
>
> Im Ablauf unterscheidet sich der Beziehungsaufbau zwischen dem globalen und dem lokalen Kontext kaum, lediglich die Ausführung ist eine andere.
>
> 1. Ein echtes und aufrichtiges Interesse für das Gegenüber bekunden.
> 2. Aktiv zuhören, Fragen stellen.
> 3. Unterschiedliche Standpunkte und Perspektiven zulassen und verstehen.
> 4. Die richtigen Kommunikationstools in der richtigen Situation nutzen.

Dabei ist festzuhalten, dass echte Beziehungen auf Vertrauen basieren. Sie sind das Resultat eines langfristigen und konsistenten Verhaltens gegenüber einer anderen Person. Eine positive Grundeinstellung gegenüber Menschen, ein integres Verhalten und ein authentisches Auftreten sind dabei von entscheidender Bedeutung. Der Begriff „Vertrauen" bezieht sich dabei stets auf künftige Ereignisse. Unter Berücksichtigung der bisherigen Erfahrungen wird davon ausgegangen, dass sich eine Person in einer bestimmten Situation auf eine bestimmte Art und Weise verhalten wird, da wir durch wiederholtes, konsistentes Verhalten entsprechende Erfahrungen mit ihr gemacht haben. Dabei handelt es sich aufgrund der seltenen Gelegenheit der Interaktion um einen längeren Prozess, insbesondere im globalen Kontext.

Um dieses Vertrauen und damit eine tiefe Beziehung aufzubauen, ist ein echtes und aufrichtiges Interesse für das Gegenüber erforderlich. Dies stellt in der Theorie keine neue Erkenntnis dar, in der Praxis fällt es vielen Menschen jedoch schwer, da das Ego vieler Führungskräfte zu stark ausgeprägt ist.

Global-Leader sind darin vor allem zu Beginn zurückhaltend. Sie erinnern sich an die kulturelle Demut? Auch in diesem Fall ist Demut gefordert, denn echtes Interesse zeigen, bedeutet, den Menschen als Ganzes zu betrachten, und zwar über den beruflichen Kontext hinaus. So bietet es sich in der Praxis beispielsweise an, ein echtes Interesse für eine fremde Kultur zu zeigen.

Dass echtes Interesse auch für die transformative Führung relevant ist, werden wir im folgenden Kapitel näher betrachten. Vorweggenommen ist Führung dann von Erfolg gekrönt, wenn Global-Leader dazu beitragen, dass auch ihre Mitarbeiter erfolgreich sein können. Damit dies gelingt, müssen wir jedoch ihre Interessen kennen und sie als Menschen verstehen.

Aktiv zuzuhören und Fragen zu stellen, ist in diesem Zusammenhang ebenso keine neue Erkenntnis. So wird dem griechischen Philosophen Sokrates, der vor 2500 Jahren lebte, das berühmte Zitat „Wer fragt, der führt." zugeschrieben. Doch auch in diesem Fall ist die heutzutage täglich gelebte Praxis eine andere.

Wenn man damit beginnt, aktiv zuzuhören, wird man auch die vielen unterschiedlichen Perspektiven näher kennenlernen. Unsere Einstellung beziehungsweise Haltung zu vielen Themen ist durch unsere Kultur geprägt, folglich werden Menschen aus unterschiedlichen Kulturen auch unterschiedliche Perspektiven entwickeln und vertreten, siehe Abschn. 3.2.4. Global-Leader respektieren diese Perspektiven. Ebenso vermeiden sie Annahmen über deren Hintergründe, sondern ermitteln diese im Zuge von Gesprächen.

Unterschiedliche Perspektiven, Konflikte und regelmäßige Projektbesprechungen stehen auf der Agenda eines jeden Global-Leaders, so auch Gespräche über die Entwicklung einer Strategie. Kommunikation stellt somit die Basis im Aufbau von Beziehungen dar und ist das zentrale Element in der Zusammenarbeit mit Mitarbeitern, unabhängig davon, ob auf lokaler oder globaler Ebene. Damit dies auch in jedem Kontext gelingt, können unterschiedliche Kommunikationsmittel herangezogen werden. Während man im lokalen Umfeld häufig das persönliche Gespräch suchen und nutzen kann, ist dies hingegen im globalen Kontext nicht möglich und hierbei die Wahl des richtigen Kommunikationsmediums zum gegebenen Anlass relevant. Dank des Internets und den vielen digitalen Tools können Global-Leader heute aus einer Vielzahl von Möglichkeiten (Messenger-Dienste wie WeChat, WhatsApp, Slack, aber auch E-Mail) wählen. Diese Vielzahl in Verbindung mit der schnellen Verfügbarkeit der asynchronen Kommunikation birgt jedoch ein hohes Risiko – und zwar jenes der Missinterpretation der Botschaft. Frei nach Paul Watzlawick, „man kann nicht nicht kommunizieren", transportiert jede Botschaft einen Sach- und einen Beziehungsinhalt [8]. Demnach hat jede E-Mail und jede WhatsApp-Nachricht zwischen den Zeilen auch immer einen Beziehungsaspekt. Dessen ist man sich jedoch selten bewusst, wenn man Nachrichten in Eile versendet. In Verbindung mit kulturellen Differenzen und beispielsweise dem Aspekt Englisch als Fremdsprache kann dies große Auswirkungen beim Gegenüber nach sich ziehen. Unterschiedliche Perspektiven und Konflikte sind hierbei gute Beispiele dafür, diese besser über ein Telefonat zu lösen, anstatt auf die asynchrone Kommunikation zu setzen.

Eine Beziehung über Distanz aufzubauen, ist schwierig. Das haben auch viele der Gesprächspartner, die ich für dieses Buch interviewen durfte, bestätigt. Kein Telefonat und keine Textnachricht können ein persönliches Treffen ersetzen. Auch wenn die Budgets für Reisekosten in Unternehmen stark gekürzt wurden und weiterhin gekürzt werden, sollte die Reise zu Beginn einer Zusammenarbeit mit entfernten Mitarbeitern eine hohe Priorität haben.

Die Beziehung über die Distanz aufrechtzuerhalten, ist dabei durch die heutigen Möglichkeiten von Videotelefonaten und Messaging-Diensten weltweit akzeptiert. Die Herausforderung darin liegt stärker in der Frequenz und Intensität der Kommunikation. Im lokalen Umfeld begegnet man sich häufig – sei es in der Teeküche, am Mittagstisch oder einfach, wenn man sich zufällig über den Weg läuft. Die Möglichkeit, ein kurzes und informelles Gespräch zu führen, ist dabei fast immer möglich. Damit eine Beziehung auf Distanz eine ähnliche Qualität wie jene mit einem lokalen Mitarbeiter entwickeln kann, muss diese Beziehung strukturiert werden, weshalb viele Global-Leader wöchentliche Meetings mit ihren globalen Mitarbeitern pflegen. Neben beruflichen Themen werden dabei auch persönliche Anliegen diskutiert und es bleibt Zeit, den Menschen noch besser kennenzulernen. Darüber hinaus schaffen kurze, informelle Nachrichten über Messaging-Dienste und das Einbinden von entfernten Mitarbeitern in Gruppenchats weitere Möglichkeiten der Strukturierung.

Vertrauen ist in jeder Beziehung – egal ob privater oder beruflicher Natur – entscheidend für uns Menschen. Im beruflichen Kontext erlaubt es uns, offen zu kommunizieren, über die beruflichen Belange hinweg Meinungen zu äußern und konstruktives Feedback zu geben. Erst durch Vertrauen können sich Teams zu High-Performance-Teams entwickeln [9]. Dieses Vertrauen ausschließlich oder großteils virtuell aufzubauen, ist deutlich schwieriger als im lokalen Kontext mit einer Vielzahl persönlicher Begegnungen. In einer Studie von Fuchs, Weissleder und Najmaei (2022) wurde untersucht, welche Faktoren für Führungskräfte am relevantesten sind, um Vertrauen rein virtuell aufzubauen. Dazu wurden zahlreiche Führungskräfte aus Europa befragt und das Ergebnis war eindeutig: Die investierte Zeit, das proaktive Handeln und die Kommunikation stellten demnach die 3 am häufigsten genannten Faktoren dar, die erfolgreiche Global-Leader im Beziehungsaufbau und in der Beziehungspflege berücksichtigen [10].

3.2.4 Perspektive

In der Führung ist es unerlässlich, verschiedene Perspektiven einzunehmen. Schon im nationalen Kontext muss eine Führungskraft die Fähigkeit besitzen, sich in die Lage ihrer Mitarbeiter hineinzuversetzen, um deren Bedürfnisse, Erwartungen und Herausforderungen zu verstehen. Damit dies gelingt, nimmt eine Führungskraft verschiedene Rollen ein, wie zum Beispiel die des Kommunikators, Problemlösers, Psychologen, Managers und Teamleaders [11]. Im globalen Kontext wird diese Fähigkeit hingegen noch entscheidender und komplexer.

Global-Leadership erfordert eine erweiterte Sichtweise, die weit über die Anforderungen eines nationalen Kontexts hinausgeht. Die Perspektiven eines Global-Leaders müssen dabei nicht nur die Interessen und Erwartungen der Mitarbeiter berücksichtigen, sondern auch die vielfältigen kulturellen, sozialen und wirtschaftlichen Kontexte beachten, in denen die Mitarbeiter agieren. Dies bedeutet, dass ein Global-Leader in der Lage sein muss, sich nicht nur in die Situation eines Mitarbeiters im Heimatland hineinzuversetzen, sondern auch in die Perspektive eines Mitarbeiters in einem anderen Land mit einer anderen Kultur, anderen Werten und anderen Arbeitsweisen.

> Ein Global-Leader muss sich der Tatsache bewusst sein, dass seine eigenen kulturellen Normen und Werte nicht universell sind. Vielmehr muss er bereit sein, die Perspektiven seiner Mitarbeiter aus anderen Kulturen zu verstehen und zu respektieren.

Um dies zu erreichen, ist es für einen Global-Leader wichtig, proaktiv zu handeln. Er muss nicht nur die kulturellen Eigenheiten seiner Mitarbeiter anerkennen, sondern darüber hinaus auch offen über seine eigenen kulturellen Hintergründe sprechen können. Dies schafft einerseits ein besseres Verständnis und Vertrauen, andererseits ermutigt es die Mitarbeiter auch dazu, offen über ihre eigenen kulturellen Normen und Werte zu sprechen. Durch diesen Austausch können Missverständnisse vermieden und tiefere, vertrauensvollere Beziehungen aufgebaut werden.

Ein weiterer wichtiger Aspekt des Global-Leaderships ist die Perspektive der Mitarbeiter. Es wäre ein Fehler, anzunehmen, dass alle Mitarbeiter über die gleiche kulturelle Bildung und internationale Erfahrung verfügen, insbesondere in einer Situation, in der beispielsweise ihr Unternehmen ein anderes akquiriert, welches zuvor nicht international tätig war. Daher muss der Global-Leader die Initiative ergreifen, um sicherzustellen, dass die kulturellen Unterschiede und Erwartungen klar kommuniziert werden. Dies bedeutet, dass der Global-Leader nicht nur ein Vorbild sein muss („Lead by

Example"), sondern auch die Verantwortung hat, kulturelle Brücken zu bauen und damit auch den Perspektivenwechsel in seinem globalen Team auszulösen. Der beidseitige Perspektivenwechsel zwischen Global-Leader und Mitarbeiter stellt die Basis für eine erfolgreiche Beziehung dar.

> Mitarbeiter können unsicher im Umgang mit einer fremden, deutlich konträren und von sprachlichen Unterschieden geprägten Kultur sein. Es ist daher wichtig, dass der Global-Leader eine Atmosphäre schafft, in der diese Unsicherheiten offen angesprochen und in weiterer Folge abgebaut werden können.

Global-Leader stehen im Rahmen der Strategieentwicklung häufig vor der Herausforderung, die richtige Balance zwischen Globalisierung und Lokalisierung zu finden und dahin gehend Entscheidungen zu treffen. So muss beispielsweise entschieden werden, welche Prozesse, Richtlinien und Verfahren global standardisiert werden sollten und welche lokal angepasst werden können. Neben der erforderlichen Perspektive auf das Unternehmen, die Vision und die langfristige Ausrichtung ist dafür zusätzlich der Fokus auf die Fähigkeiten, Stärken und Schwächen sowie Chancen und Risiken im kulturellen und sozialen Kontext der entfernten Organisation zu richten. In der Praxis und in Gesprächen mit Global-Leadern wurde deutlich, dass die Balance zwischen Globalisierung und Lokalisierung dabei nicht statisch sein muss, sondern sich im Laufe der Zeit abhängig von den sich wandelnden Marktbedingungen, kulturellen Entwicklungen und technologischen Fortschritten ändern kann. Ein Global-Leader muss daher flexibel und anpassungsfähig sein, um diese Balance kontinuierlich zu überprüfen und anzupassen.

Diese verschiedenen Perspektiven immer im Blick zu haben und abzuwägen, welcher Perspektive in welcher Situation eine höhere Bedeutung beizumessen ist, stellt ein kritisches Element im Global-Leadership dar. Wer nur die eigene Perspektive vertritt, sei es aus falschen Annahmen oder aufgrund des eigenen kulturellen Hintergrunds, wird in der Globalisierung scheitern.

Stattdessen muss ein Global-Leader offen für neue Perspektiven sein und bereit, aus den Erfahrungen und Erkenntnissen anderer zu lernen.

Nur so kann er erfolgreich führen und langfristige, nachhaltige Beziehungen in einem globalen Umfeld aufbauen.

3.2.5 Prozesse

Proaktiv zu handeln, ist nicht nur im Beziehungsaufbau, sondern auch in der Pflege dieser Beziehungen relevant. Dabei beginnt proaktives Handeln in der Regel deutlich früher. Die Globalisierung von Unternehmen ist das Ergebnis von teils langen Strategieprozessen. Das in Abschn. 1.3.1 vorgestellte Uppsala-Modell ist ein gutes Beispiel dafür, wie in der Vergangenheit und auch heute noch Unternehmen zunehmend globaler werden. Strategien zur Globalisierung werden in diesen Unternehmen entwickelt und die sukzessive Umsetzung folgt einem Stufenmodell, wobei das Unternehmen sich anhand der Stufen weiterentwickelt. Auch wenn sich manche Schritte in der Globalisierung einfach durch sich gerade bietende Gelegenheiten ergeben, erfordert es dennoch die unternehmerische Verantwortung, auch diese Gelegenheiten sorgfältig abzuwägen und zu planen. In der Regel stellt Globalisierung jedoch das Ergebnis einer intensiven Planung dar, um Marktanteile zu erhöhen, die Umsatzentwicklung positiv zu beeinflussen, Kosten zu senken und damit die Gewinnsituation zu verbessern oder auch neue Produkte und Dienstleistungen zu entwickeln. So sind die Ursachen für die Globalisierung eines Unternehmens vielfältig und die Planung dahinter meist aufwendig und komplex. Dennoch müssen zahlreiche Themen berücksichtigt werden:

- Marktzugang und Expansion
- Wettbewerbsfähigkeit
- Regulatorische Rahmenbedingungen
- Lieferkettenmanagement
- Technologische Entwicklungen
- Nachhaltigkeit und soziale Verantwortung
- Human Resources und Talentmanagement
- Finanzielle Aspekte
- Innovation und Forschung & Entwicklung

Die Liste ist beispielhaft und es ist nicht immer nötig, alle Punkte zu berücksichtigen. Die gängige Praxis jedoch ist, dass Global-Leadership selten explizit thematisiert wird. Häufig wird einfach angenommen, dass die Führung eines globalen Teams reibungslos verläuft – sei es aufgrund früherer Globalisierungsprojekte oder des Vertrauens in das Führungsteam –, ohne mögliche Risiken ausreichend zu berücksichtigen.

Aus diesem Grund kommt es in der Praxis häufig vor, dass Globalisierungspotenziale nicht vollständig ausgeschöpft werden oder Post-Merger-Integrationen scheitern. Bei einer Post-Merger-Integration handelt es sich um den Prozess, der nach dem Kauf oder der Fusion von Unternehmen in Gang gesetzt wird. Oft werden dabei externe Berater hinzugezogen, um Probleme zu beheben, die durch unzureichende Planung und Umsetzung entstanden sind. Etwas im Nachhinein zu reparieren, ist allerdings schwierig und teurer und ein schlechter Start ist oft mit anschließenden Komplikationen verbunden, weshalb es sich einfacher darstellt, es von Beginn an richtig anzugehen.

> Global-Leadership muss aus diesem Grund Teil des Strategieprozesses sein, noch bevor ein Globalisierungsvorhaben gestartet wird. Das Ergebnis des Strategieprozesses ist ein Vorgehensmodell, welches beschreibt, wie Führung im Kontext der Globalisierung gesehen wird und erfolgreich umgesetzt werden kann.

Zum Strategieprozess im Rahmen des Global-Leaderships zählen unter anderem:

- Auswahl von internen Führungskräften, die bereits erfolgreiche Global-Leader sind oder das Potenzial dazu haben. Dazu auch die Analyse zu Beginn des Kapitels verwenden, um das Potenzial der Mitarbeiter zu quantifizieren und einen Entwicklungsbedarf vorzeitig zu erkennen.
- Change-Prozess formulieren und einen Change-Leader nominieren.
- Die fachlichen Prozesse (Lieferkettenmanagement, Entwicklung, Auftragsabwicklung, ...) mit den Führungsprozessen verbinden.
- Beim Kauf von Unternehmen:

- Das Führungsteam des zu kaufenden Unternehmens hinsichtlich Erfahrungen in der Zusammenarbeit mit globalen Unternehmen untersuchen.
- Ein Integrationsteam bestehend aus Führungskräften beider Organisationen bilden.
- Die Kultur des Landes und die Unternehmenskultur des zu kaufenden Unternehmens analysieren.

Eine intensive Vorbereitung auf Globalisierungsvorhaben in Verbindung mit den führungsrelevanten Themen erhöht die Wahrscheinlichkeit für Erfolg – sowohl im Aufbau einer neuen Organisation und in der graduellen Weiterentwicklung gemäß dem Uppsala-Modell als auch nach dem Kauf von Unternehmen.

Der überwiegende Anteil der Arbeit in Bezug auf Führung startet jedoch erst, nachdem die Globalisierung formell abgeschlossen ist. Eine neue Organisation wurde im Ausland formell gegründet oder der Unternehmenskauf ist formell abgeschlossen. Daraufhin startet die Phase der Integration und damit auch unmittelbar die Führungsprozesse des Global-Leaders in der neuen Organisation oder im entsprechenden Teil der Organisation. Zu den wesentlichen Führungsprozessen in dieser Phase zählen:

- Kommunikation
- Entscheidungsfindung
- Talent-Management

Zu Beginn einer Integrationsphase ist eine effektive Kommunikation von entscheidender Bedeutung – sowohl in Bezug auf das Change-Management als auch aus der Perspektive der Führung. Ein gut strukturierter Kommunikationsprozess stellt sicher, dass wichtige Informationen bereitgestellt werden, und sorgt darüber hinaus für eine enge Abstimmung des Global-Leaders mit den Mitarbeitenden.

Ein weiterer zentraler Prozess ist die Entscheidungsfindung. Global-Leader müssen fundierte Entscheidungen treffen, welche auf einer soliden Analyse basieren und außerdem eine umfassende Bewertung von Risiken und Chancen beinhalten. Im globalen Kontext müssen sie dabei ebenso kulturelle Unterschiede, Marktbesonderheiten und regulatorische Rahmenbedingungen mitberücksichtigen. Hierbei werden vor allem zu Beginn der Zusammenarbeit die Weichen für die Zukunft gestellt – falsche oder schlecht getroffene Entscheidungen sind in weiterer Folge häufig nur schwer zu korrigieren.

Schließlich spielt auch die Entwicklung der Mitarbeiter eine entscheidende Rolle. Global-Leader müssen Prozesse etablieren, die Talente identifizieren, fördern und binden. So stellen sie sicher, dass die neue globale Organisation auf einem tragfähigen Fundament aufgebaut wird. Darüber hinaus müssen Kompetenzlücken und deren Entwicklungsbedarf erkannt werden, sodass diese durch entsprechende Pläne geschlossen werden können.

> **Tipp**
>
> Es ist von Vorteil, diese Prozesse bereits vor dem eigentlichen Start zu planen. So kann die erste Phase der Zusammenarbeit erfolgreich gestaltet werden und die Wahrscheinlichkeit des nachhaltigen Erfolgs ist höher.

3.2.6 Transformational-Leadership

„Leadership is one of the most observed and least understood phenomena on earth." (Eigene Übersetzung: „Führung ist eines der am meisten beobachteten und am wenigsten verstandenen Phänomene der Welt.") James MacGregor Burns [12]

Führung stellt eine der spannendsten Herausforderungen im beruflichen Kontext dar. In allen anderen Bereichen von Unternehmen sind die Einflussfaktoren überwiegend bekannt und können großteils berechnet werden. Auch wenn der Ausblick in die Zukunft immer ungewiss ist, können die Faktoren dennoch benannt und in Kombination mit historischen Daten Ableitungen dahin gehend entwickelt werden. VUCA und BANI beschreiben, dass die Welt immer unvorhersehbarer wird, und dennoch lässt sich prognostizieren, dass viele Branchen auch weiterhin erfolgreich sein werden. Neue Methoden der Vorhersage, sogenannte Predictive-Intelligence-Lösungen, versuchen, auf Basis von historischen Daten und intelligenten Modellen in Verbindung mit KI, Entscheidungshilfen zu bieten [13]. Es scheint somit, als würde eine technische Gegenbewegung zu BANI entstehen.

Auch Führung kann als System mit zahlreichen Einflussfaktoren betrachtet werden. Faktoren wie Motivation, Vertrauen und Kultur sind hinreichend bekannt und das Ergebnis der Gleichung lässt sich in Engagement-Indizes, Fluktuation, Zufriedenheitsumfragen und vielem mehr messen. Doch der Schein trügt, denn Führung ist anders. Denn auch wenn wir beispielsweise die Motivation als Faktor kennen, können wir sie nur bedingt steuern und Ergebnisse nur eingeschränkt vorwegnehmen. Das liegt an uns Menschen und daran, dass wir nicht wie unternehmerische Prozesse und technische Systeme steuerbar sind. Führung ist ein Regelungsprozess. Wir als Führungskräfte versuchen X und erhalten dann das Feedback Y von unserem Mitarbeiter, woraufhin wir unser Verhalten ändern und Z versuchen.

Dass dies kein einfacher Prozess ist und wir nicht alle Unbekannten der Gleichung lösen können beziehungsweise wir selbst als Menschen einfach nicht in Form von Gleichungen denken, zeigt das Ergebnis des Engagement-Index, der in Abschn. 2.1 vorgestellt wurde. Es fällt uns als Führungskräften schwer, hier dauerhaft erfolgreich zu sein. Führung ist damit eine große Herausforderung, die im globalen Kontext eine viel stärkere Brisanz und Komplexität aufweist als im lokalen Kontext. Denken Sie dabei an den Beginn des Globalisierungsvorhabens: Unabhängig davon, ob Sie eine neue Niederlassung in einem fremden Land gründen oder ein bestehendes Unternehmen akquirieren – die Führungsarbeit am Beginn ist entscheidend und von hoher Intensität. Die Relevanz zeigt sich allein durch die Tatsache, dass Führung in Kombination mit Kultur einer der Gründe ist, warum die meisten Unternehmensakquisitionen scheitern [14].

Auch wenn sich nach einer anfänglich intensiven Integrationsphase neuer Unternehmen die Führungssituation zu stabilisieren scheint, bleibt sie komplex. Es existieren einfach zu viele Unbekannte, die auch in etablierten Führungsbeziehungen zwischen einem Global-Leader und den Mitarbeitern berücksichtigt werden müssen. Umso relevanter ist der Fokus auf Führung und damit verbunden der Führungsstil eines Global-Leaders.

Dabei beschreibt ein Führungsstil die Art und Weise, wie eine Führungskraft ihre Mitarbeiter führt, Entscheidungen trifft und ihre Aufgaben in der Organisation erfüllt. Der Führungsstil umfasst die Methoden, Verhaltens- und Herangehensweisen, die eine Führungskraft nutzt, um ihre Ziele zu erreichen sowie das Team zu motivieren, Probleme zu lösen und die Leistung der Organisation zu steigern.

Die Forschung rund um die verschiedenen Führungsstile ist mittlerweile eine sehr weitreichende und blickt auf eine lange Geschichte zurück. Zahlreiche wissenschaftliche Experimente, die stets die aktuellen Situationen und Umgebungen betrachteten, führten zu unterschiedlichen Führungsstilen. So ist es nachvollziehbar, dass der vorherrschende Führungsstil in den 1950er-Jahren nach dem Zweiten Weltkrieg ein anderer war, als wir ihn heute in Zeiten von BANI und vor allem der Globalisierung pflegen.

Zwei heute weitverbreitete Führungstheorien umfassen die transaktionale und die transformative Führung. Aus beiden lassen sich Führungsstile ableiten, doch die Theorien könnten unterschiedlicher nicht sein. Die transaktionale Führung leitet sich bereits aus dem Substantiv „Transaktion" ab und entspringt der Idee, dass die Beziehung zwischen Führungskraft und Mitarbeiter auf einem Austausch oder einer „Transaktion" basiert. Diese Transaktion besteht in der Regel aus einer klaren Abmachung: Die Führungskraft bietet Belohnungen (wie Gehaltserhöhungen, Boni oder Anerkennung) im Austausch für die Leistung und das Erfüllen von Erwartungen durch die Mitarbeiter. Dieser Führungsstil konzentriert sich auf das Erreichen kurzfristiger Ziele und das Einhalten von Regeln und Vorschriften [12].

Vor allem in stabilen Organisationen ist diese Form der Führung etabliert und erfolgreich. Diese Organisationen erfahren nur geringe Einflüsse unterschiedlicher Kulturen, können präzise Ziele festlegen und die kurzfristigen Ziele beschreiben. Auch die Aufgaben sind für gewöhnlich und überwiegend nur von geringerer Komplexität [15].

Auch beim transformativen Führungsstil steckt der Kern der Führung bereits im Namen – die Transformation. Dieser Führungsstil zeigt sich jedoch weniger aufgabenorientiert und legt seinen Fokus nicht so stark auf Belohnung und Bestrafung. Die Basis der Führung bilden hierbei die Beziehung zu den Menschen und die Unterstützung, sie zu inspirieren und zu befähigen, über ihre eigenen Interessen hinauszugehen und sich für das Wohl der gesamten Organisation einzusetzen. Um dies zu gewährleisten, wird für die Menschen ein Umfeld geschaffen, in dem sie motiviert sind. Der transformative Führungsstil zielt darauf ab, positive Veränderungen in der Organisation herbeizuführen. Er ermutigt die Mitarbeiter, innovativ zu denken, und fördert deren Weiterentwicklung. Die Mitarbeiter sollen sich emotional mit den Zielen der Organisation identifizieren.

Das GLM betrachtet den transformativen Führungsstil als zentralen Führungsansatz, da er zahlreiche Parallelen zu den Herausforderungen und Ansätzen der Globalisierung aufweist. Auch die verbundene Komplexität spielt dabei eine Rolle. Zwar stellt er den zentralen und dominierenden, jedoch nicht den einzigen Führungsansatz dar. So wie die Welt an sich können auch die Globalisierung und die Führung einer globalen Organisation nicht in Schwarz und Weiß eingeteilt werden. Demzufolge gibt es in der Praxis Situationen, in denen trotz der dominanteren Rolle des transformativen Führungsstils kurzzeitig die transaktionale Führung eine höhere Wahrscheinlichkeit auf Erfolg hat. Denken Sie beispielsweise an eine Krise in einem Kundenprojekt, an die Umsetzung weniger populärer Entscheidungen wie ein notwendiger Personalabbau in der entfernten Organisation oder an das vorherige Beispiel mit dem Cyberangriff. In allen Fällen werden kurzfristige Ziele definiert und die notwendigen Aufgaben zur Erreichung dieser entwickelt, kommuniziert und verfolgt. Entscheidend dabei ist jedoch, im Anschluss wieder in den Zustand der transformativen Führung zu wechseln.

Der Kern der transformativen Führung, und damit die Erklärung, wie sich diese Art von Führung in der Praxis darstellt, umfasst 4 Komponenten: [16]

- Idealisierter Einfluss
- Inspirierende Motivation
- Intellektuelle Stimulation
- Individuelle Berücksichtigung

Idealisierter Einfluss
Da die transformative Führung im Einfluss auf Mitarbeiter stark auf Inspiration und Vision setzt, nimmt die Führungskraft – der Global-Leader – eine Vorbildfunktion ein. „Führung durch Vorbildwirkung"

oder „Lead by Example" ist ein grundlegendes Prinzip effektiver Führung. Es basiert auf der Überzeugung, dass Führungskräfte durch ihr eigenes Verhalten und ihre Handlungen das Verhalten ihrer Teammitglieder positiv beeinflussen können. Anstatt nur Anweisungen zu geben und Erwartungen zu formulieren, handelt eine Führungskraft nach dem Prinzip „Lead by Example". Dabei demonstriert sie die gewünschten Werte und Verhaltensweisen aktiv und sichtbar. Das schafft Vertrauen, Respekt und eine starke Bindung innerhalb des Teams, die es ermöglichen, gemeinsame Ziele zu erreichen. Im Kern bedeutet dies, dass Führungskräfte die Verantwortung für ihre Handlungen übernehmen und ihre Erwartungen an das Team durch ihr eigenes Verhalten vorleben. Das erfordert ein hohes Maß an persönlicher Integrität, Authentizität und Konsistenz. Die Teammitglieder werden ermutigt, sich ebenfalls mit Engagement und Verantwortungsbewusstsein einzubringen.

Inspirierende Motivation
Die inspirierende Motivation bezieht sich auf die Fähigkeit einer Führungskraft, ihre Mitarbeiter zu inspirieren und ein Umfeld zu schaffen, in dem Mitarbeiter motiviert sind, gemeinsame Ziele zu verfolgen und ihr Bestes zu geben. Dabei geht es um weit mehr als nur um die Vermittlung von Aufgaben; es geht darum, eine emotionale Verbindung zu schaffen, die die Mitarbeiter dazu anregt, über sich hinauszuwachsen und sich mit den Zielen der Organisation zu identifizieren. Ganz nach dem Zitat von Steve Jobs.

Intellektuelle Stimulation
Darin ermutigt die Führungskraft ihre Mitarbeiter, kreativ und kritisch zu denken, bestehende Annahmen infrage zu stellen und innovative Lösungen zu entwickeln. Dieser Führungsansatz fördert ein Arbeitsumfeld, in dem kontinuierliches Lernen und Wachstum als wesentliche Elemente des Erfolgs betrachtet werden. Im globalen Kontext ist dies für die Mitarbeiter einer globalen Organisation wichtig. Ein Global-Leader braucht ein offenes und lernendes Arbeitsumfeld, um erfolgreich zu sein. Command & Control (Befehl & Kontrolle) funktioniert auf Dauer im Global-Leadership nicht.

Individuelle Berücksichtigung
In der transformativen Führung steht der einzelne Mensch, das Individuum, im Vordergrund. Damit verbunden ist auch die Art und Weise, wie Führungskräfte auf die individuellen Bedürfnisse, Fähigkeiten und Entwicklungsziele ihrer Mitarbeiter eingehen. Die Herausforderung im Global-Leadership besteht in den teils erheblichen Unterschieden zwischen Menschen aus verschiedenen Kulturen. Nur durch eine individuelle Berücksichtigung dieser ist es möglich, jeden einzelnen Mitarbeiter zu entwickeln und gemeinsam ein Umfeld mit hoher Zufriedenheit und hohem Engagement zu schaffen.

> Im Rahmen der Führung eines globalen Teams kommt dem „Lead by Example"-Ansatz besondere Bedeutung zu.

Kein anderes Führungsverhalten ist so mächtig wie jenes der Vorbildwirkung. Global-Leader haben damit die Chance, ihre Mitarbeiter implizit zu entwickeln, indem sie selbst ...

- Interesse für die andere Kultur zeigen.
- proaktiv Eigenschaften der eigenen Kultur vermitteln.
- Neugierde ausstrahlen.
- Demut und Verletzlichkeit zeigen.
- ein Gefühl der Gemeinsamkeit vermitteln.

Menschen neigen dazu, andere zu spiegeln [17]. Durch das aktive Vorleben der gewünschten Zielsituation in der Führung schafft man Vertrauen und motiviert Mitarbeiter, ein ähnliches Verhalten an den Tag zu legen. Durch die aktive Beschäftigung mit verschiedenen Kulturen und das Vorbild des Global-Leaders stärken auch die Mitarbeiter ihre kulturellen Fähigkeiten. Mit „Lead by Example" setzt man als Global-Leader bereits früh in der Beziehung zu Mitarbeitern einen Standard in der Zusammenarbeit und in der Führung.

„Führung durch Vorbild" geschieht oft ohne aktives Zutun des Global-Leaders. Da die Interaktionen zwischen einem Global-Leader und seinen Mitarbeitern seltener sind als bei lokal geführten Teams, neigen die Mitarbeiter verstärkt dazu, auf jedes Wort und jede Handlung zu achten. Sie beobachten besonders die persönliche Präsenz des Global-Leaders und hinterfragen diese. Zudem werden die Aussagen eines Global-Leaders stärker interpretiert als jene einer lokalen Führungskraft. Jeder Impuls, den ein Global-Leader gibt, wird kritisch betrachtet und genau bewertet.

Zum Abschluss

Globalisierung ist häufig mit Unsicherheiten und Ängsten verbunden. Unsicherheiten entstehen dabei bereits durch die hohe Komplexität in der Globalisierung und den vielen damit verbundenen Faktoren. Faktoren, die auch Global-Leader zum Teil nicht beherrschen oder beeinflussen können. Die Unsicherheit, ausgelöst durch das beidseitig fehlende Wissen über fremde Kulturen, trägt ebenso dazu bei. Vertrauen ist ein fundamentaler Bestandteil jeder zwischenmenschlichen Beziehung und bildet die Grundlage für eine effektive Zusammenarbeit in Teams. Es ist das Gefühl der Sicherheit, das entsteht, wenn man auf die Integrität, Verlässlichkeit und Kompetenz einer anderen Person zählen kann. Vertrauen ist wie ein unsichtbares Band, das Menschen in Beziehungen miteinander verbindet. Es entsteht durch wiederholte positive Interaktionen, bei denen die Erwartungen an Zuverlässigkeit, Ehrlichkeit und Kompetenz erfüllt werden.

Vertrauen ist demnach die Basis für Ihren persönlichen Erfolg als Global-Leader.

Literatur

1. Kahnemann D (2021) Thinking, Fast and Slow. Penguin, UK
2. Chuck Swoboda (2020) Smart Leaders Purposely Put Themselves At The Bottom Of The Org Chart. Forbes. https://www.forbes.com/sites/chuckswoboda/2020/05/18/smart-leaders-purposely-put-themselves-at-the-bottom-of-the-org-chart/. Zugegriffen: 16. August 2024
3. Godin S (2020) Leadership vs. Management – What it means to make a difference. Nordic Business Forum. https://www.youtube.com/watch?v=qzoIA-JYPQwo&t=24s. Zugegriffen: 16. August 2024

4. Elad Gil (2018) High Growth Handbook: Scaling Startups from 10 to 10,000 People. Stripe Press, San Francisco

5. Simon P (2019) American Factory. Der amerikanische Traum ist Vergangenheit. https://www.zeit.de/kultur/film/2019-08/american-factory-netflix-obama-dokumentation-rezension. Zugegriffen: 16. August 2024

6. Hofstede et al. (2017) Lokales Denken, globales Handeln: Interkulturelle Zusammenarbeit und globales Management. dtv Beck Wirtschaftsberater, München

7. The World Bank Group (2024) Unemployment, total (% of total labor force). https://data.worldbank.org/indicator/SL.UEM.TOTL.ZS?most_recent_value_desc=true. Zugegriffen: 16. August 2024

8. Watzlawick et al. (2007) Menschliche Kommunikation. Formen, Störungen, Paradoxien. Huber, Bern, S. 72

9. Friedman Ron (2024) How High-Performing Teams Build Trust. https://hbr.org/2024/01/how-high-performing-teams-build-trust. Zugegriffen: 16. August 2024

10. Fuchs et al. (2022) A Probing German Case Study on Trust Building Factors Around Online Leadership in Virtual Work Environments. https://www.researchgate.net/publication/364695027_A_Probing_German_Case_Study_on_Trust_Building_Factors_Around_Online_Leadership_in_Virtual_Work_Environments. Zugegriffen: 16. August 2024

11. Jachtenko W (2020) Die 5 Rollen einer Führungskraft. Remote Verlag, Tallin

12. Burns, J. (1978). Leadership. Harper & Ro, New York, S. 19

13. Seebacher, U (2021) Predictive Intelligence für Manager: Der einfache Weg zur datengetriebenen Unternehmensführung – mit Selbstanalyse, Vorgehensmodell und Fallstudien. SpringerGabler, Berlin

14. Seth S (2024) Top Reasons Why M&A Deals Fail. https://www.investopedia.com/articles/investing/111014/top-reasons-why-ma-deals-fail.asp#:~:text=Limited%20Owner%20Involvement,until%20the%20deal%20is%20done. Zugegriffen: 16. August 2024

15. Bo D (2023) A Systematic Review of the Transactional Leadership Literature and Future Outlook. Academic Journal of Management and Social Sciences. https://doi.org/10.54097/ajmss.v2i3.7972

16. Mayberry M (2024) The Transformational Leader: How the World's Best Leaders Build Teams, Inspire Action, and Achieve Lasting Success. Wiley, New Jersey

17. Barsade S. (2002). The Ripple Effect: Emotional Contagion and its Influence on Group Behavior. Administrative Science Quarterly, 47(4):644–675

18. Schirmer, U., Woydt, S. (2023). Mitarbeiterführung. Springer Gabler, Berlin, Heidelberg

4

Global-Leader

Zusammenfassung Im Kapitel über Global-Leader werden die Entwicklung von Führungskompetenzen und die Bedeutung eines Global Mindsets beleuchtet. Global-Leader stehen vor der Herausforderung, nicht nur ihre Teams zu leiten, sondern auch ihre eigene Entwicklung kontinuierlich voranzutreiben. Dabei spielt die Bereitschaft, über kulturelle und geografische Grenzen hinauszudenken, eine zentrale Rolle. Dieses Kapitel bietet wertvolle Einblicke in die Schlüsselkompetenzen, die für globalen Erfolg notwendig sind – von Resilienz und Neugier bis hin zu strategischem Denken und Diversity Management. Zudem wird das Wissen um unterschiedliche Kulturen und die Kommunikationsstile unterschiedlicher Länder sowie deren Auswirkungen auf Global-Leader beleuchtet.

Das GLM kennt 5 Dimensionen, die im Rahmen einer globalen Führung von Relevanz sind, und beschreibt dabei das Verhalten eines Global-Leaders. Nun stehen Sie als Global-Leader im Mittelpunkt: Welche Kompetenzen sind notwendig? Wie wirkt sich das Mindset auf den Erfolg von Global-Leadership aus? Und warum ist das Vertrauen dabei so wichtig?

Dieser Aspekt und damit dieses Kapitel bieten ein enormes Potenzial für Wachstum, denn niemand wird als Global-Leader geboren. Frühere Führungstheorien gingen oft davon aus, dass Führungsqualitäten angeboren sind. Eine Ansicht, die inzwischen längst überholt ist.

> Die heutige Forschung, wie die von Arvey et al. (2006), zeigt, dass genetische Faktoren nur etwa 30,00 % des Führungspotenzials ausmachen [1]. Vielmehr sind es soziale Einflüsse wie Familie und Ausbildung sowie das persönliche Engagement, die maßgeblich bestimmen, wie sich eine Führungskraft entwickelt. Diese Erkenntnis unterstreicht die Bedeutung der Selbsterkenntnis, die als Grundlage für jede effektive Führung dient.

Im Umkehrschluss bedeutet dies aber auch, dass wir uns zu 70,00 % entwickeln können und auch müssen, um Führungskraft und Global-Leader zu werden. Diese Entwicklung kommt einem kontinuierlichen Prozess gleich, der niemals endet. Jeder startet an einem bestimmten Punkt und wächst stetig weiter – es gibt weder einen festen Maßstab noch eine perfekte Punktzahl, die es zu erreichen gilt. Auch die im Buch vorgestellte Selbstanalyse ist kein Garant dafür, sondern liefert lediglich einige Indikatoren und zeigt Entwicklungsbedarfe auf.

Gerade weil es keinen festen Standard gibt, ist es wichtig, die vielfältigen Perspektiven, Kompetenzen und Rollen eines Global-Leaders zu kennen und sukzessive zu entwickeln. Nur durch die kontinuierliche Arbeit an sich selbst kann wahres Wachstum stattfinden – oder wie es so treffend heißt: Stillstand ist Rückschritt.

Dabei bedeutet eine globale Identität zu entwickeln, sich als Teil einer Weltgemeinschaft zu verstehen, die über nationale und kulturelle Grenzen hinausgeht. Sich zum *Global-Citizen* zu entwickeln.

> Ein **Global Citizen** ist eine Person mit einem Selbstverständnis, das Denken und Handeln auf globaler Ebene vereint.

Das damit verbundene Konzept des Global Citizenships verfolgt das Ziel, Individuen und Gemeinschaften zu ermutigen, über ihre lokalen und nationalen Grenzen hinauszublicken und sich als Teil einer globalen

Gemeinschaft zu sehen. Es umfasst das Bewusstsein und die Verantwortung für globale Themen, die Bereitschaft zur Zusammenarbeit über kulturelle und geografische Grenzen hinweg und das Engagement für eine nachhaltige und gerechte Welt [2].

> Für einen Global-Leader ist es essenziell, diese globale Perspektive zu verinnerlichen und in der Führungsrolle aktiv vorzuleben.

4.1   Mindset eines Global-Leaders

Bevor man sich den spezifischen Kompetenzen zuwendet, ist es entscheidend, das Mindset in den Vordergrund zu stellen. Dieses bildet die Grundlage und stellt wahrscheinlich den wichtigsten Unterschied zwischen einer Führungskraft im regionalen Kontext und einem Global-Leader dar. Erst ein starkes Mindset öffnet Türen zu neuen Perspektiven und ermöglicht es, über Grenzen hinauszudenken. Als Global-Leader sind auch weitere Fähigkeiten wie fundiertes Wissen, tiefes Vertrauen und ein effektives Diversity Management unerlässlich. Doch ohne das richtige Mindset bleibt das volle Potenzial eines Global-Leaders ungenutzt.

Bereits in Abschn. 2.7 habe ich Carol Dweck vorgestellt, den Pionier der Mindset-Forschung. Dwecks Konzept des Mindsets beschreibt 2 grundsätzliche Denkmuster: das „Fixed-Mindset" und das „Growth-Mindset" [3]. Ein Fixed-Mindset geht davon aus, dass Fähigkeiten und Intelligenz statisch und unveränderlich sind. Menschen mit dieser Denkweise vermeiden Herausforderungen und scheuen Risiken, um Misserfolge zu vermeiden. Im Gegensatz dazu steht das Growth-Mindset, bei dem die Überzeugung vorherrscht, dass Fähigkeiten und Intelligenz durch Anstrengung, Lernen und Ausdauer entwickelt werden können. Diese Einstellung fördert die Bereitschaft, Herausforderungen anzunehmen, aus Fehlern zu lernen und kontinuierlich zu wachsen. Dwecks Forschungen zeigen, dass ein Growth-Mindset zu höherer Leistungsbereitschaft und größerer Resilienz führt [3].

Spätere unabhängige Studien unterstreichen die Bedeutung eines Growth-Mindsets in der Führungsarbeit. Keating und Heslin (2015) zeigten, dass Führungskräfte mit einem Growth-Mindset ihre Teams zu höherer Leistung und größerer Innovationsbereitschaft anspornen [4]. Dabei fördern sie eine Kultur des Vertrauens und der offenen Kommunikation, bei der die Teammitglieder dazu ermutigt werden, ihre Ideen und Bedenken zu äußern. Die Folge ist eine höhere Zufriedenheit und ein stärkeres Engagement der Mitarbeiter. Ein Growth-Mindset hat tiefgreifende und positive Auswirkungen auf den Erfolg eines Teams und des gesamten Unternehmens. Führungskräfte mit dieser Denkweise schaffen eine positive Arbeitsumgebung, in der Teammitglieder motiviert sind, ihr Bestes zu geben und kontinuierlich zu lernen.

> Basis für ein Global Mindset ist das Growth-Mindset.

Die Entwicklung einer Führungskraft zum Global-Leader ist nie abgeschlossen, stellt aber an sich bereits einen intensiven Prozess im Sinne des Growth-Mindsets dar, der von unzähligen Veränderungen begleitet ist. Stellen Sie sich hingegen eine Person mit einem Fixed-Mindset vor: Diese würde die zahlreichen Veränderungen, die den Kern des Alltags eines Global-Leaders bilden, sehr wahrscheinlich negieren beziehungsweise schlicht nicht annehmen. Die Führung von globalen Teams würde daraufhin lediglich mit den bekannten Standards, der eigenen Kultur als Maßstab und dem bis dahin erlernten Wissen sowie anhand der bisherigen Erfahrung erfolgen. Betrachtet man die Herausforderungen und die Ansätze des GLM wird deutlich, dass dies kein Erfolg versprechender Zugang ist. Deswegen ist ein Growth-Mindset als Basis für ein Global Mindset unbedingt erforderlich.

> Das **Global Mindset** beschreibt die erforderliche Denkweise, um in multikulturellen Umgebungen mit vielfältigen Ideen und unterschiedlichen Geschäftspraktiken erfolgreich zu agieren. Dabei geht es nicht nur um das Verständnis für verschiedene kulturelle Normen und Werte, sondern auch um die Fähigkeit, sich diesen anzupassen und diese als Bereicherung für das eigene Handeln zu nutzen.

Ein Global Mindset erfordert eine offene und integrative Haltung. Dies bedeutet, sich bewusst auf neue, unterschiedliche Perspektiven einzulassen und flexibel zu sein. Ein Global-Leader sieht Vielfalt nicht als Herausforderung, sondern als Chance, und ist bereit, die eigene Perspektive kontinuierlich zu hinterfragen und zu erweitern, um globale Zusammenhänge besser zu verstehen. Dies erfordert nicht nur kulturelle Intelligenz, sondern auch die Fähigkeit, langfristige Beziehungen über Ländergrenzen hinweg zu pflegen und aufzubauen.

Ein Global Mindset befähigt Global-Leader, in einer komplexen, globalisierten Welt erfolgreich zu sein. Es erlaubt ihnen, lokale Gegebenheiten und globale Trends zu verbinden und innovative, nachhaltige Lösungen zu entwickeln, die den unterschiedlichen Anforderungen gerecht werden. Wer diese Denkweise verinnerlicht, kann nicht nur in einem Land, sondern weltweit agieren und führen – und damit einen entscheidenden Beitrag zum Erfolg globaler Organisationen leisten.

4.2   Wissen ist die Basis

Unser Wissen entsteht, indem wir unsere Umgebung beobachten und aus unseren Erfahrungen lernen. Wir haben uns in der Schulzeit und im Studium viel Wissen angeeignet, in den Jahren im Beruf daraufhin unser fachliches Wissen vertieft und generieren über Internetrecherchen, Newsletter, Bücher, Zeitungen und vieles mehr laufend neues Wissen. Dazu sammeln wir Informationen und entwickeln neue Erkenntnisse, wenn wir diesen Input reflektieren und darüber nachdenken. Dieser Prozess wird weiter vertieft, wenn wir uns mit anderen austauschen und systematisch nach Antworten suchen. So verwandeln sich einfache Beobachtungen und Erfahrungen in nützliches Wissen, das wir im Alltag und bei der Lösung von Problemen anwenden können.

Damit der Global-Leader Wissen generieren kann, muss er neugierig sein. Neugier meint in diesem Zusammenhang nicht nur das Streben nach Wissen, sondern auch das tiefe Verlangen, das Unbekannte zu verstehen. Wir erinnern uns an die Komplexität und die Gleichung mit vielen Unbekannten sowie an das Bedürfnis, verschiedene Perspektiven zu erkunden und kontinuierlich zu lernen. Für einen Global-Leader bedeutet dies, sich aktiv darum zu bemühen, die Komplexität der globalen Geschäftswelt zu begreifen und die Diversität, die sie umgibt, zu schätzen.

Die Führung einer globalen Organisation erfordert dabei nicht nur tiefgehendes Wissen über das eigene Land, die eigene Kultur und das heimische Wirtschaftssystem, sondern auch ein fundiertes Verständnis der globalen Märkte, kultureller Unterschiede, geopolitischer Faktoren und der globalen Dynamiken, die das Unternehmen und alle systemrelevanten Elemente beeinflussen können. Um in diesem Umfeld erfolgreich zu sein, müssen Global-Leader spezifische Kenntnisse und Fähigkeiten entwickeln, die über traditionelle Kompetenzen hinausgehen.

Verständnis globaler Märkte und Trends
Global-Leader verfügen über ein tiefes Verständnis der globalen Märkte und der Trends, die diese beeinflussen. Dies umfasst nicht nur das Wissen über die Märkte, in denen das eigene Unternehmen tätig ist, sondern auch die Fähigkeit, globale Entwicklungen zu antizipieren und deren potenzielle Auswirkungen auf das Unternehmen zu erkennen. Global-Leader müssen in der Lage sein, die Wechselwirkungen zwischen verschiedenen Märkten und Trends zu verstehen.

Beispiel

Als Global-Leader in der Rohstoffbranche ist es relevant, die politischen Entwicklungen in einem Land zu betrachten, da diese weitreichende Auswirkungen auf die globalen Preise haben können. Wenn etwa politische Unruhen in einem wichtigen Agrarland zu einem Rückgang der Ernte führen, kann dies die globalen Preise für diese Rohstoffe drastisch beeinflussen.

Dieses Verständnis hilft nicht nur dabei, geschäftliche Entscheidungen zu treffen, sondern ist auch dann von entscheidender Bedeutung, wenn Global-Leader mit Mitarbeitern in verschiedenen Ländern kommunizieren. Mitarbeiter in anderen Ländern sind oft stark in ihre lokalen Märkte und Umgebungen eingebunden und das Verständnis der lokalen Dynamiken ist für sie allgegenwärtig. Eine aktive Auseinandersetzung mit den lokalen Gegebenheiten zeigt Wertschätzung gegenüber den Mitarbeitern, da sie ein starkes Interesse an ihrem Umfeld signalisiert. Zusätzlich nutzen Global-Leader mitunter ihre offenen und vertrauensvollen Beziehungen zu Mitarbeitern, um dieses Wissen zu diskutieren.

Nutzung globaler Möglichkeiten

Effektive Global-Leader entwickeln aus dem Wissen die Fähigkeit, globale Chancen zu erkennen und zu nutzen. Ein tiefes Verständnis der Vorteile und Herausforderungen, die verschiedene Länder bieten, ist dazu erforderlich. Eine erfolgreiche Führungskraft muss die unterschiedlichen kulturellen, politischen und wirtschaftlichen Bedingungen der Länder, in denen das Unternehmen tätig ist, kennen und verstehen. Dies umfasst auch ein Verständnis der rechtlichen Rahmenbedingungen, der steuerlichen Vorteile und der Arbeitsmarktbedingungen, die von Land zu Land variieren können.

Beispiel

Ein häufig anwendbarer Fall ist die Entscheidung darüber, wo ein Unternehmen seine Produktionsstätten aufbauen oder in welches Land eine bestehende Produktionsstätte verlagert werden soll. So mag das eine Land niedrige Arbeitskosten bieten, während ein anderes Land durch seine stabile politische Lage und fortschrittliche Infrastruktur attraktiv erscheinen. Ein Global-Leader muss diese Faktoren sorgfältig abwägen und eine Entscheidung treffen, die sowohl kurzfristig als auch langfristig vorteilhaft für das Unternehmen ist.

Kulturelles Wissen und Sensibilität

Eine der größten Herausforderungen bei der Führung einer globalen Organisation ist der Umgang mit kulturellen Unterschieden. Global-Leader müssen ein tiefes Verständnis der Kulturen haben, in denen sie tätig sind, einschließlich der Werte, Überzeugungen, religiösen Praktiken, politischen Systeme und sozialen Normen, die diese Kulturen prägen. Aufgrund der hohen Relevanz wird das kulturelle Wissen im Detail in Abschn. 4.4.3 beschrieben.

Aktuelle globale Entwicklungen und Krisenmanagement

Die Fähigkeit, auf aktuelle globale Entwicklungen und Krisen zu reagieren, ist ein weiteres wesentliches Element für den Erfolg eines Global-Leaders. Dies umfasst nicht nur das Verfolgen von Nachrichten und globalen Ereignissen, sondern auch das Verständnis der potenziellen Auswirkungen dieser Entwicklungen auf das eigene Unternehmen und die eigenen Mitarbeiter. Global-Leader müssen in der Lage sein, schnell und effektiv auf unvorhergesehene Ereignisse wie Naturkatastrophen, politische Umwälzungen oder wirtschaftliche Krisen zu reagieren.

> **Beispiel**
>
> Ein für alle Menschen dieser Welt bekanntes Beispiel hierfür ist die COVID-19-Pandemie, die die globalen Lieferketten unterbrochen und viele Unternehmen gezwungen hat, ihre Strategien kurzfristig anzupassen. Jene Global-Leader, welche die globale Situation dabei genau überwachten und proaktiv Maßnahmen ergriffen, um ihre Unternehmen anzupassen, konnten die Auswirkungen der Krise besser bewältigen.

Verständnis der Beziehungen zwischen Ländern

Lieferketten oder auch größere globale Organisationen sind nicht länger von einigen wenigen Ländern abhängig. Die Vernetzung der Weltwirtschaft ist heutzutage derart intensiv, dass es für Global-Leader entscheidend ist, die politischen, wirtschaftlichen und sozialen Beziehungen zwischen den Ländern zu verstehen. Dies schließt sowohl die Beziehungen zwischen dem eigenen Land und anderen Ländern als auch jene zwischen Drittstaaten ein. Die Kenntnis dieser Beziehungen ermöglicht es einem Global-Leader, die geopolitischen Risiken und Chancen besser einzuschätzen, die das Unternehmen beeinflussen können.

> **Beispiel**
>
> Der im Jahr 2024 diskutierten Einfuhrzölle von Autos chinesischer Hersteller nach Europa kann beträchtliche wirtschaftliche Auswirkungen auf heimische Automobilhersteller haben. Global-Leader verfolgen diese Entwicklungen sehr genau und bereiten proaktiv Strategien vor, um die Risiken zu minimieren.

Die Liste des erforderlichen Wissens ist bei Weitem nicht vollständig, veranschaulicht jedoch, wie relevant Wissen über die Weltwirtschaft und jene Länder ist, in denen die Mitarbeiter beschäftigt sind. Erinnern Sie sich an der Stelle an das Beispiel von Südafrika und der hohen Arbeitslosenquote – eine Herausforderung, die Südafrika bis heute beschäftigt, da dies Auswirkungen auf unterschiedliche Parameter wie Kriminalität, Lohnkosten, Infrastruktur, das Sicherheitsgefühl der Menschen und viele mehr hat.

4.3   Strategische Sichtweise

Alle global agierenden Unternehmen haben eines gemeinsam: Globalisierung ist ein Prozess, der Zeit benötigt. Egal, ob es um den Kauf eines Unternehmens oder die schrittweise Expansion nach dem Uppsala-Modell geht, der Übergang in internationale Märkte geschieht nicht über Nacht. Während bei einem Unternehmenskauf die Integration je nach Größe etwa ein Jahr dauern kann, zieht sich die schrittweise Entwicklung eines Unternehmens oft über viele Jahre hin [5].

Ähnlich verhält es sich mit der Entwicklung zur globalen Führungskraft. Auch dieser Weg erfordert Zeit und Geduld. Genau deshalb ist es wichtig, eine strategische Sichtweise einzunehmen. Sowohl für die unternehmerische Globalisierungsstrategie als auch für die persönliche Entwicklung zum Global-Leader bildet die Strategie die Grundlage – und diese basiert immer auf klaren Zielen und einer starken Vision.

Die Vision des Unternehmens ist ein entscheidender Faktor für die Globalisierungsstrategie, da sie festlegt, wo das Unternehmen in den nächsten 10, 15 oder 20 Jahren stehen möchte. Sie beschreibt, was das Unternehmen erreichen und wofür es stehen will. Als Global-Leader ist es entscheidend, diese Vision zu verstehen, sich mit ihr zu identifizieren und aktiv dazu beizutragen, sie zu verwirklichen. Die Vision des Unternehmens dient dabei als Leitlinie, die auf den eigenen Verantwortungsbereich übertragen werden kann.

Beispiel

Eine Führungskraft leitet die Personalabteilung eines Unternehmens, das bisher nur in Deutschland tätig ist. Das Unternehmen plant nun den ersten Schritt in Richtung Globalisierung und möchte ins benachbarte Ausland expandieren, mit der Vision, globaler Marktführer in seiner Nische zu werden. Die Personalleitung kann diese Vision nutzen, um ihre eigene Vision einer globalen Personalabteilung zu entwickeln. Diese Perspektive wird die persönliche Entwicklung der Führungskraft zum Global-Leader prägen. Sie konzentriert sich nicht nur auf den bevorstehenden Schritt ins Ausland, sondern auch auf weitere zukünftige Expansionsschritte.

Durch diese strategische Sichtweise wird klar: Sowohl die Globalisierungsstrategie des Unternehmens als auch die Entwicklung zur globalen Führungskraft hängen stark mit der Vision und den Zielen zusammen. Ein klarer Blick in die Zukunft und ein langfristiger Plan sind entscheidend, um erfolgreich auf dem globalen Markt zu agieren und sich als Global-Leader zu etablieren.

Das Ergebnis einer unternehmerischen Strategieentwicklung sind präzise formulierte, zeitlich festgelegte und messbare Ziele. Diese umfassen unter anderem, in welches Land die nächste Expansionsstufe führen soll, welches Unternehmen akquiriert wird und in welchem Zeitraum diese Akquisition umgesetzt werden muss. Solche unternehmensweiten Ziele sind entscheidend für die erfolgreiche Umsetzung der Globalisierungsstrategie. Sie sind jedoch ebenso für den Global-Leader von Bedeutung, da er aus diesen Vorgaben individuelle Ziele für seinen eigenen Verantwortungsbereich ableiten kann. Sich die notwendige Zeit zu nehmen, um diese Ziele klar zu definieren, ist ein wesentlicher Faktor für den Erfolg der gesamten Globalisierungsstrategie.

Wenn die Vision des Unternehmens einen Zeithorizont von 10 oder mehr Jahren umfasst und die konkreten Ziele für das nächste Geschäftsjahr festgelegt sind, darf der längerfristige Zeitraum von weiteren 9 Jahren nicht vernachlässigt werden. Oft werden zwar nur kurzfristige Ziele für das kommende Jahr definiert, doch die weiteren Schritte, die sich über mehrere Jahre erstrecken, sind bereits bekannt und in die Strategie eingearbeitet. Diese langfristige Perspektive ist für Global-Leader von zentraler Bedeutung, da sie hilft, die Globalisierungspläne besser zu verstehen und darauf basierend langfristige Entscheidungen zu treffen.

In der Praxis bedeutet dies, dass das Unternehmen möglicherweise den ersten Expansionsschritt in ein benachbartes Ausland plant, in der strategischen Ausrichtung jedoch bereits weitere Länder als mögliche Expansionsziele ins Auge fasst – auch wenn die konkreten und messbaren Ziele für diese Märkte noch nicht formuliert wurden. Ein Global-Leader muss diese Langzeitperspektive in seine eigenen Überlegungen und seine persönliche Entwicklung integrieren, um proaktiv auf zukünftige Herausforderungen vorbereitet zu sein.

Besonders in großen Unternehmen und Konzernen mit komplexen Organisationsstrukturen ist es für Global-Leader oft schwierig, das gesamte Bild – das „Big Picture" – zu erfassen. Doch genau dieser Blick auf das große Ganze ist unerlässlich, denn es können vielfältige Wechselwirkungen zwischen verschiedenen Geschäftsbereichen und Expansionsschritten auftreten. Ein Verständnis dieser übergreifenden Zusammenhänge ermöglicht es dem Global-Leader, fundierte Entscheidungen zu treffen und die strategische Ausrichtung des Unternehmens zu unterstützen.

> Globalisierung und die Strategie dazu sollten aus diesem Grund auch die Strategie des Global-Leaderships beinhalten und in wechselseitiger Abstimmung zueinanderstehen. Globalisierung ohne die Berücksichtigung des Global-Leaderships birgt ein hohes Risiko des Scheiterns.

4.4 Kompetenzen

Führungskräfte im lokalen Kontext weisen bereits ein umfangreiches Set an Kompetenzen auf, damit sie erfolgreich sind. Da diese weitverbreitet sind und inhaltlich durch Wissenschaft und Literatur ausreichend untersucht wurden, haben Unternehmen in der Regel entsprechende Entwicklungsprogramme etabliert, in denen Mitarbeiter zu Führungskräften ausgebildet und in dieser Entwicklung begleitet werden – ganz nach dem Ansatz, dass Führungskräfte nicht geboren, sondern entwickelt werden. Auch wenn diese Methoden zum Teil kritisch gesehen werden und ihre Ziele nicht immer erreichen, werden sie in den meisten Unternehmen eingesetzt [6].

Demgegenüber stehen Global-Leader und deren notwendige Kompetenzen, um in ihrer Funktion erfolgreich zu sein. Die weltweit größte Studie des Unternehmens Development Dimensions International (DDI) im Jahr 2023 hat rund 14.000 Führungskräfte und 1800 Human-Resources(HR)-Verantwortliche aus über 50 Ländern dahin gehend untersucht, wie gut Global-Leader auf ihre Aufgaben vorbereitet sind. Lediglich 29,00 % der Führungskräfte gaben an, für die zukünftigen Aufgaben vorbereitet zu sein und ein entsprechendes Training durchgeführt zu haben [7].

In Bezug auf Global-Leadership ist dies kritisch zu betrachten, da die Anforderungen an einen Global-Leader deutlich höher und komplexer sind. Grund genug, um die notwendigen Kompetenzen im Detail zu betrachten und im folgenden Kapitel auch einen Blick darauf zu werfen, wie diese Kompetenzen entwickelt werden.

4.4.1 Resilienz

Resilienz ist die kontinuierliche Verfolgung von Zielen trotz widriger Umstände. Heute ein wichtiges Thema für Organisationen, da Komplikationen im Leben und im Beruf unvermeidlich sind. Wir alle sind mit diesen Situationen konfrontiert, die vom täglichen Stress der Vereinbarkeit von Beruf und Privatleben bis hin zum Verlust des Arbeitsplatzes reichen, aber auch gesellschaftliche Stressfaktoren wie eine Pandemie oder die Zunahme rassistisch motivierter Gewalt im Fernsehen umfassen. Angesichts dieser Herausforderungen ist Resilienz unerlässlich. Resilienz bedeutet nicht nur die Fähigkeit, Rückschläge zu überstehen, sondern auch, sich kontinuierlich an sich ändernde Umstände anzupassen und aus Herausforderungen gestärkt hervorzugehen. Dies ist besonders im globalen Kontext von entscheidender Bedeutung, da Global-Leader selten schnelle Erfolge erzielen und stattdessen eine langfristige Perspektive einnehmen müssen. Der Prozess der Umsetzung einer Globalisierung hin zu einem Erfolg kann mitunter viele Monate oder Jahre dauern.

Ein gutes Beispiel für die Bedeutung von Resilienz ist der Aufbau eines neuen Standorts in einem fremden Land. Anfänglich wird dieser Standort vielleicht nur mit einer kleinen Anzahl von Mitarbeitern und grundlegenden Funktionen wie etwa dem Vertrieb ausgestattet sein. Doch im Laufe der Zeit werden weitere Abteilungen und Verantwortungsbereiche hinzugefügt, was sowohl die Komplexität als auch die Mitarbeiterzahl erhöht. Mit diesem Wachstum steigt zudem die Verantwortung des Standorts. Dieser schrittweise Prozess verlangt von globalen Führungskräften Geduld, strategische Weitsicht und vor allem die Fähigkeit, mit unerwarteten Hindernissen und Rückschlägen umzugehen.

Im Vergleich zu lokalen Führungen stehen Global-Leader vor einer Vielzahl von Parametern, die ihre Arbeit beeinflussen. Unterschiedliche politische Systeme, kulturelle Unterschiede und wechselnde gesetzliche Rahmenbedingungen können zu Verzögerungen und Rückschlägen führen.

Eine höhere Wahrscheinlichkeit für Krisen ist bedingt durch den globalen Wirkungsbereich. Während man im heimischen Markt die Geschehnisse täglich verfolgt und potenzielle Krisen frühzeitig erkennt, können solche Entwicklungen im Ausland überraschend auftreten. Auch eine gute Informationsbasis und der Austausch mit lokalen Mitarbeitern können dabei nicht alle unvorhersehbaren Ereignisse verhindern.

> Persönlich erfahren Global-Leader dadurch eine hohe Arbeitsbelastung, die auch durch eine Vielzahl von Dienstreisen bedingt ist. Ebenso wirken sich unterschiedliche Zeitzonen negativ auf die Belastung aus.

All diese Themen können bei fehlender Resilienz Stress in einem Global-Leader auslösen, was wiederum dazu führt, dass der Stress auch das Führungsverhalten negativ beeinflusst. Zu diesem Thema wurden in einer breit angelegten Metaanalyse Hunderte Studien untersucht, um zu klären, wie sich der Stress einer Führungskraft durch ihr Führungsverhalten auf die Mitarbeiter auswirkt. Die intuitive Antwort, dass Stress eine negative Auswirkung auf Mitarbeiter und deren Leistung hat, konnte in dieser Metaanalyse bestätigt werden [8].

> Global-Leader sollten aus diesem Grund ein hohes Maß an Resilienz durch effektive Selbstführung entwickeln.

Auch für Mitarbeiter in einer globalen Organisation stellt die Zusammenarbeit mit Global-Leadern in einem globalen Kontext eine Herausforderung dar. Kommunikation über Distanz, die zum größten Teil remote abläuft, kulturelle Unterschiede und häufig die Unsicherheit durch die Schritte der Globalisierung können ebenso zu Stress im Team führen. Global-Leader haben dadurch auch die soziale und moralische Verantwortung, die Resilienz der einzelnen Teammitglieder zu berücksichtigen [9].

Die Resilienzfähigkeit eines Teams zu stärken, gehört damit zu den zentralen Aufgaben eines Global-Leaders. Resilienz im Team bedeutet, dass die Mitarbeiter nicht nur in der Lage sind, auf unerwartete Herausforderungen zu reagieren, sondern auch nach Rückschlägen schneller wieder auf die Beine kommen und gestärkt aus Krisen hervorgehen. Dies ist besonders wichtig, da Globalisierung oft mit Unsicherheiten, kulturellen Unterschieden, politischen Schwankungen und Marktveränderungen einhergeht.

Ein Global-Leader trägt dabei die Verantwortung, ein Umfeld zu schaffen, das die Widerstandsfähigkeit des Teams fördert. Dies beginnt mit der Förderung einer offenen und unterstützenden Unternehmenskultur, in der Fehler nicht als ein Scheitern, sondern als Lernchancen betrachtet werden. Mitarbeiter müssen das Vertrauen spüren, dass sie Risiken eingehen dürfen und Unterstützung erhalten, wenn sie auf Schwierigkeiten stoßen. Dies stärkt das Selbstbewusstsein des Teams und die Fähigkeit, in herausfordernden Zeiten innovative Lösungen zu finden.

Zudem gehört es zur Aufgabe des Global-Leaders, den Teammitgliedern die Werkzeuge und Ressourcen an die Hand zu geben, die sie benötigen, um Resilienz aufzubauen. Dies kann durch gezielte Weiterbildung, Coachings oder Mentoring geschehen, um die Fähigkeit zur Problemlösung, Stressbewältigung und zum Selbstmanagement zu fördern. Ein resilientes Team erkennt, dass Veränderungen Teil des Prozesses sind, und entwickelt Flexibilität, um sich schnell an neue Gegebenheiten anzupassen.

Wichtig ist auch, dass der Global-Leader Transparenz und Kommunikation als essenzielle Pfeiler der Resilienz versteht. Eine regelmäßige und klare Kommunikation über Unternehmensziele, Herausforderungen und mögliche Veränderungen hilft dem Team, sich auf zukünftige Entwicklungen vorzubereiten und vermittelt den Mitgliedern das Gefühl, Teil des größeren Ganzen zu sein. Dies stärkt das Vertrauen in den Leader und innerhalb des Teams, was wiederum die Resilienz fördert.

Schließlich spielt das Vorbildverhalten des Global-Leaders eine entscheidende Rolle. Ein Leader, der selbst in Krisenzeiten Ruhe bewahrt, lösungsorientiert bleibt und eine positive Einstellung vorlebt, inspiriert das Team, ebenfalls resilient zu handeln. Resilienz ist nicht nur eine individuelle Eigenschaft, sondern auch eine kollektive Kompetenz, die durch das Verhalten und die Führung des Global-Leaders maßgeblich beeinflusst wird. Ein Team, das auf diese Weise gestärkt wird, ist in der Lage, den Herausforderungen der Globalisierung standzuhalten und langfristig erfolgreich zu agieren.

4.4.2 Kommunikation

Petra-Stefanie Madlé, Dozentin für Leadership und interkulturelle Kommunikation an mehreren Hochschulen

„Um erfolgreich mit Menschen aus anderen Kulturen zu kommunizieren, ist es entscheidend, ihre Kultur zu verstehen. Dazu gehört, die Unterschiede zur eigenen Kultur zu erkennen und zu wissen, welche Normen und Werte in beiden Kulturen wichtig sind. Als Global-Leader sollte man sich auch bewusst machen, wie die eigene Kultur das eigene Denken und Handeln beeinflusst hat. Wie man selbst als Global-Leader in der Vergangenheit geprägt wurde.

Ein echtes Interesse an anderen Kulturen und die Bereitschaft, sich für Neues zu öffnen, sind dabei unerlässlich. Während der Kommunikation ist es wichtig, die Perspektive des Gesprächspartners einzunehmen und zu verstehen, wie seine Kultur die Art der Kommunikation beeinflusst – sowohl in Bezug auf die Sachinhalte als auch auf die Beziehungsebene. Dieser Wechsel der Perspektive hilft, kulturelle Unterschiede, wie zum Beispiel der Machtdistanz, besser zu erkennen und die Botschaft richtig zu verstehen."

Kern der Führung bildet die Kommunikation, denn nur durch Kommunikation kann man Visionen und Ziele vermitteln, erhält man Feedback von Mitarbeitern, holt die Meinung von Kunden ein und beeinflusst andere Stakeholder im Sinne der Zielerreichung. Interessant an der Stelle ist auch, wie häufig man mit wem kommuniziert.

Michael E. Porter und Nitin Nohria haben dazu 60.000 Arbeitsstunden von 27 CEO über 3 Monate analysiert, um herauszufinden, womit diese ihre Zeit verbringen. Wenig überraschend verbrachten die CEO im Schnitt 36,00 % ihrer Zeit im reaktiven Modus, um Krisen abzuwenden oder auf dringende Anliegen von Mitarbeitern oder Kunden zu reagieren. Interessant war jedoch nicht die Erkenntnis, wofür sie Zeit aufwendeten, sondern wie und mit wem. So verbrachten die CEO 61,00 % ihrer Zeit im direkten Gespräch mit Menschen, während sie ihren direkten Mitarbeitern rund 21,00 % ihrer Zeit widmeten [10].

Eine andere Studie hat das Kommunikationsverhalten von Führungskräften aller Ebenen untersucht und das Ergebnis fiel noch höher aus als jenes der CEO. Rund 70,00 bis 80,00 % der Zeit verbrachten die Führungskräfte hierbei mit Kommunikation [11].

Führung ohne Kommunikation ist schlicht nicht möglich. Studien zeigen, dass dies sogar den größten Teil der Arbeitszeit einer Führungskraft ausmacht.

Die Ergebnisse der beiden Studien bestätigen uns, dass Kommunikation zu den täglichen Aufgaben einer Führungskraft zählt – bei transaktionalen Führungskräften, um Erwartungen und Ziele zu kommunizieren. Bei transformativen Führungskräften, dem Kern des GLM, ist Kommunikation noch wichtiger. Transformative Führungskräfte bewegen und motivieren Menschen durch Kommunikation in Form von Inspiration. Sie kommunizieren die Vision und Strategien, sodass Menschen intrinsisch motiviert sind, die Ziele zu erreichen. Solche Führungskräfte kommunizieren klar, prägnant, konkret und mitfühlend.

Trotz der Fähigkeit, Gruppen von Menschen zu inspirieren, zu motivieren und zu vereinen, können transformational orientierte Führungskräfte auch auf allgemeine Kommunikationshürden stoßen – immerhin sind wir alle nur Menschen. Es ist zwar eine typische Erfahrung, jemanden falsch zu verstehen, jedoch müssen wir auch einen Mangel an Aufmerksamkeit, Klarheit oder eine mögliche Informationsflut als Ursache dafür in Betracht ziehen. So gilt die von Konrad Lorenz entwickelte Kommunikationsformel noch heute: Gesagt ist nicht gehört, gehört ist nicht verstanden, verstanden ist nicht einverstanden, einverstanden ist nicht angewendet, angewendet ist nicht beibehalten (S. 622) [12].

Während wir im privaten und auch im beruflichen Kontext immer wieder mit Kommunikationsproblemen konfrontiert sind, müssen sich Global-Leader der Herausforderung unterschiedlicher Kulturen stellen. In unserer eigenen Kultur wissen wir, wie wir kommunizieren (sollten) und auch die Sprache ist in der Regel dieselbe. Wir teilen ähnliche Werte und Normen und binden diese in unsere Kommunikation ein. Dennoch fällt uns Kommunikation selbst in unserem eigenen Kulturkreis oft schwer.

Global-Leader müssen die interkulturelle Kommunikation berücksichtigen und Kompetenzen dahin gehend entwickeln.

Wie auch in anderen Bereichen des Global-Leaderships ist das Wissen um die kulturellen Unterschiede von Bedeutung. Mit dem Wissen verbunden, Übertragung und Einflussnahme kultureller Ausprägungen auf die Kommunikation – verbal sowie nonverbal.

Beispiel

In Europa pflegen wir in der direkten Kommunikation den Augenkontakt, mit dem wir unserem Gegenüber signalisieren, dass wir aufmerksam zuhören. Zudem ist er Ausdruck des Respekts. In anderen Kulturen (viele asiatische Länder, Nordafrika und andere) kann direkter Augenkontakt hingegen als respektlos oder aufdringlich erachtet werden.

Geert Hofstedes Modell der Kulturdimensionen [13], das in Abschn. 2.5 vorgestellt wurde, kann weitere Hinweise auf kulturelle Unterschiede liefern. Beispielhaft daraus ist die Kommunikation, die abhängig davon ist, ob die Machtdistanz hoch oder niedrig ist. Demnach neigen in Ländern mit hoher Machtdistanz Menschen eher dazu, Entscheidungen hinzunehmen und nicht zu widersprechen, wohingegen in Ländern mit niedriger Machtdistanz eine rege Diskussion über Entscheidungen entflammen kann. Ähnlich dazu auch das Modell von Erin Meyer (siehe Abschn. 4.4.3), in dem weitere Faktoren genannt werden, welche die interkulturelle Kommunikation beeinflussen [14].

Ist man sich als Global-Leader dieser kulturellen Unterschiede auch bewusst, gilt es, einen weiteren Aspekt zu berücksichtigen: Die Kommunikation in globalen Organisationen – also über Distanz – ist heute stark von Tools und Medien unterstützt. Uns stehen Telefonate, Videotelefonate, E-Mails, Medien wie WhatsApp oder Slack zur Verfügung. Wie divers die Nutzung der Kommunikationsmedien ist, zeigt sich auch an der Nutzung von längst aus der Mode gekommenen Medien wie dem Faxgerät, welches heute immer noch von 82,00 % der deutschen Unternehmen genutzt wird [15].

Die Wahl des Kommunikationsmediums bestimmt auch die Form der Kommunikation – asynchron oder synchron. Die synchrone Kommunikation meint dabei den Austausch von Informationen zwischen 2 oder mehreren Personen in Echtzeit.

Typische Anwendungsfälle der synchronen Kommunikation

- Diskussion sensibler Projekte oder Themen
- Kritisches Feedback an Mitarbeiter
- Brainstorming oder Meetings zur Entscheidungsfindung
- Eine Krise ist eingetreten und erfordert sofortige Aufmerksamkeit

Zu den synchronen Kommunikationsformen im globalen Kontext zählen persönliche Gespräche, (Video)Telefonate oder Videokonferenzen.

Asynchrone Kommunikation bezieht sich hingegen auf jede Art von Kommunikation, bei der eine Verzögerung zwischen dem Senden einer Nachricht und dem Empfang sowie der Interpretation durch die Person am anderen Ende besteht. In der Regel handelt es sich dabei nicht um eine persönliche Kommunikation und sie ist selten geplant.

Typische Anwendungsfälle der asynchronen Kommunikation

- Eine sofortige Antwort ist nicht notwendig
- Die Zusammenarbeit mit Teammitgliedern muss über verschiedene Zeitzonen hinweg erfolgen
- Global-Leader möchten vor oder nach einem Echtzeitereignis einen Kontext anbieten
- Ein komplexes Konzept oder eine Aufgabe muss erklärt und zur späteren Bezugnahme dokumentiert werden
- Nachrichten müssen für eine spätere Verwendung gespeichert werden

Die Wahl des richtigen und für eine bestimmte Situation angebrachten Kommunikationsmediums ist eine entscheidende Fähigkeit eines Global-Leaders. Auch wenn dies offensichtlich erscheint, ist die Praxis häufig eine andere. Zu schnell sind wir versucht, eine E-Mail zu tippen oder eine Chatnachricht abzusenden, obwohl der Anlass möglicherweise sensibel ist. Ein Beispiel dafür liefern zahlreiche Entlassungen von Mitarbeitern in großen Unternehmen, welche heute häufig nicht mehr durch den zuständigen Vorgesetzten kommuniziert werden, sondern per E-Mail. Dabei findet der Mitarbeiter ohne Vorwarnung eine E-Mail in seiner privaten Mailbox mit dem Inhalt, dass sein Dienstverhältnis aufgelöst wurde [16].

Das ist nicht der Weg oder die Art und Weise, wie Sie als Global-Leader kommunizieren sollten.

4.4.3 Kulturelle Agilität und Intelligenz

Ein umfassenderes Modell der interkulturellen Kommunikation wurde von Erin Meyer entwickelt. Aufbauend auf ihrer Forschung an der IN-SEAD Business School in Paris identifizierte sie 8 Dimensionen, die unsere Kommunikationsweise prägen. Diese Dimensionen, die teilweise auf dem Modell der Machtdistanz von Geert Hofstede basieren, zeigen auf, wie verschiedene Kulturen unterschiedlich kommunizieren und in welchem Ausmaß sich diese Unterschiede manifestieren. Ihre Forschungsergebnisse hat Meyer in ihrem Buch „The Culture Map" (2014) ausführlich beschrieben.

Die von ihr entwickelte „Kulturlandkarte" bildet dabei ein Instrument, das Kulturen anhand von 8 spezifischen Verhaltensskalen darstellt. Diese Skalen beziehen sich unter anderem darauf, wie Menschen in unterschiedlichen Kulturen Vertrauen aufbauen, Entscheidungen treffen und miteinander interagieren. Die Länder werden dabei basierend auf empirischen Daten und Umfrageergebnissen in den jeweiligen Skalen eingestuft.

Für Global-Leader ist dieses Modell besonders wertvoll, da es ihnen hilft, kulturelle Ähnlichkeiten und Unterschiede besser zu verstehen. Mithilfe der Kulturlandkarte können Führungskräfte präziser einschätzen, wie ihre Teams oder Geschäftspartner aus verschiedenen Ländern kommunizieren und agieren. Dies fördert die Fähigkeit, interkulturelle Missverständnisse zu vermeiden und effektiver zu arbeiten. Die Kulturlandkarte liefert somit eine klare Grundlage, um kulturelle Agilität zu entwickeln – eine Kompetenz, die für eine erfolgreiche Führung auf globaler Ebene unverzichtbar ist [14].

Meyer hat die folgenden 8 Dimensionen definiert

1. Kommunikation
2. Bewertung
3. Überzeugen
4. Führen
5. Entscheiden
6. Vertrauen
7. Nicht einverstanden sein
8. Terminplanung

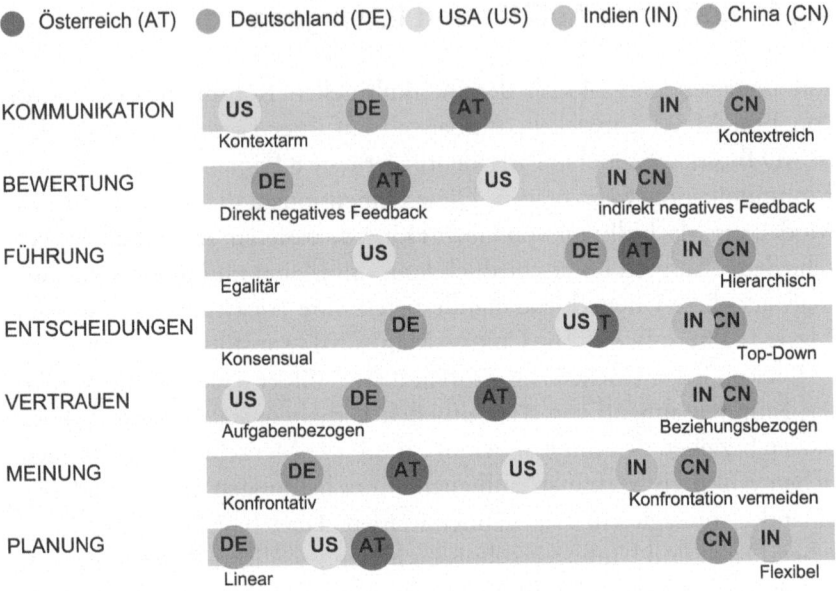

Abb. 4.1 Vergleich von Ländern auf der Kulturlandkarte. (Quelle: in Anlehnung an Erin Meyer)

Jede dieser Dimensionen umfasst eine Bandbreite, auf der sich die Länder einordnen lassen. Dadurch wird deutlich, in welcher Dimension das jeweilige Land steht und wie sich diese unterscheiden. Beispielhaft wurden in Abb. 4.1 die Länder Österreich, Deutschland, die USA, Indien und China verglichen. Dabei wird deutlich, dass Indien und China ein indirektes negatives Feedback bevorzugen, während in Deutschland ein direktes negatives Feedback üblich ist. Ebenso zeigen sich große Unterschiede in der Art der Entscheidungsfindung. Während China und Indien von einer Top-down-Entscheidungsfindung geprägt sind, wird in Deutschland noch eher eine konsensuelle bevorzugt.

Kommunikation

Die Dimension Kommunikation kennt kontextarme und kontextreiche Kulturen. Während in Kulturen mit niedrigem Kontext die Kommunikation präzise, einfach und klar verläuft, gilt in Kulturen mit hohem Kontext hingegen eine anspruchsvolle und vielschichtige Kommunikation als gelungen. Botschaften müssen sowohl mündlich als auch schriftlich zwischen den Zeilen verstanden werden, weshalb sie oft angedeutet, aber nicht klar ausgedrückt werden.

Während asiatische Länder zumeist auf der rechten Seite der Grafik stehen (kontextreich), lässt sich Österreich eher in der Mitte und Deutschland verstärkt auf der linken Seite einordnen (kontextarm).

Bewertung
Das direkte negative und das indirekte negative Feedback finden sich auf beiden Enden der Dimension Bewertung wieder.

Auf der einen Seite wird negatives Feedback offen, direkt, ehrlich und aufrichtig gegeben, steht zudem für sich allein und wird nicht durch positives Feedback abgeschwächt. Bei der Kritik daran werden oft absolute Ausdrücke (zum Beispiel „völlig unangemessen") verwendet und die Kritik kann an eine Einzelperson vor einer Gruppe gerichtet sein. Auf der anderen Seite kann negatives Feedback auch leise, subtil und diplomatisch unter 4 Augen – also indirekt – geäußert und zudem oft durch positives Feedback abgefedert werden.

Führen
Egalitär und hierarchisch bestimmen die beiden Enden der Führungsdimension.

Egalitär steht für die Tatsache, dass zwischen Mitarbeitern und Vorgesetzten fast keine Distanz besteht. Die Führungskraft tritt hierbei als Vermittler zwischen Gleichgestellten auf, die Unternehmensstrukturen sind flach und die Kommunikation kann hierarchische Ebenen überspringen.
Im Gegensatz dazu steht die hierarchische Arbeitsweise, bei der die Distanz zwischen Mitarbeitern und Vorgesetzten groß ist. Die Führungskraft agiert als ein starker Direktor, der hierarchisch gesehen von oben führt, während die Organisationsstrukturen fest und vielschichtig sind und einer klaren Kommunikationslinie folgen. Diese Dimension ähnelt der Machtdistanz-Dimension von Hofstede.

Entscheiden

Die Dimension der Entscheidungsfindung reicht von konsensual bis top-down.

Erfolgen Entscheidungsfindungen in Gruppen durch einstimmige Beschlüsse, findet man sich auf dem konsensualen Ende wieder. Im Gegensatz dazu werden am anderen Ende Entscheidungen durch Einzelpersonen top-down getroffen.

Vertrauen

Die Vertrauensdimension unterscheidet zwischen den beiden Enden des aufgaben- und des beziehungsbezogenen Vertrauens.

Die Frage in dieser Dimension ist, auf welcher Basis Menschen im unternehmerischen Kontext Vertrauen aufbauen. Bei Kulturen, die stark aufgabenbezogen agieren, gelingt dies durch gemeinsame geschäftliche Aktivitäten. Beziehungsorientierung hingegen bedeutet, dass man zuerst eine Beziehung zu dem Menschen aufbaut, bevor sich Vertrauen entwickeln kann.

Asiatische Kulturen bauen Vertrauen durch gemeinsame Mahlzeiten und abendliche Getränke auf, woraus langsam und über längere Zeit Beziehungen entstehen, während sich in deutschsprachigen Ländern diese durch die Zusammenarbeit entwickeln.

Nicht einverstanden sein

Die beiden Enden des Spektrums der Meinungsverschiedenheiten sind konfrontativ und konfrontationsvermeidend.

Konfrontativ bedeutet, dass Meinungsverschiedenheiten und Debatten als positiv für das Team und die gesamte Organisation angesehen werden und sich nicht negativ auf die Beziehung auswirken. Konfrontationsvermeidend steht hingegen dafür, dass Meinungsverschiedenheiten und Debatten als negativ für das Team und die Organisation angesehen werden. Eine offene Konfrontation ist demnach unangemessen und schadet der Gruppenharmonie sowie der Beziehung.

Terminplanung
Verschiedene Kulturen bevorzugen eher die lineare oder die flexible Zeit.

Die lineare Zeitplanung ist ein sequenzieller Ansatz zur Projektorganisation, bei dem eine Aufgabe vollständig abgeschlossen sein muss, bevor die nächste begonnen wird. Es gibt keine Unterbrechungen und der Schwerpunkt liegt auf der Einhaltung der Frist und des Zeitplans mit der Pünktlichkeit als oberstes Credo. Auf der anderen Seite der Dimension werden die Projektschritte flexibel angegangen, wobei die Aufgaben je nach Gelegenheit und Bedarf angepasst werden. Dabei werden mehrere Dinge gleichzeitig erledigt und Unterbrechungen akzeptiert. Der Schwerpunkt liegt auf der Anpassungsfähigkeit beziehungsweise Flexibilität, welche höher eingeschätzt wird als die Organisation selbst.

Überzeugen
Die Dimension der Überzeugungsarbeit reicht von prinzipienorientiert bis hin zu anwendungsorientiert.

Auf der prinzipienorientierten Seite werden Menschen dazu erzogen, mit Fakten, Aussagen oder Meinungen zu beginnen, während Konzepte zur Unterstützung der Schlussfolgerung erst später hinzugezogen werden. Auf der anwendungsorientierten Seite werden Personen wiederum dazu erzogen, eine Theorie oder ein Konzept zu entwickeln, bevor sie Fakten, Aussagen oder Meinungen präsentieren. Die bevorzugte Art, eine Nachricht oder einen Bericht zu beginnen, ist der Aufbau eines theoretischen Arguments, bevor man zu einer Schlussfolgerung übergeht.
Asiatische Kulturen haben ganzheitliche Denkmuster, die weder anwendungsorientiert noch prinzipienorientiert sind und daher nicht auf dieser Überzeugungsskala erscheinen.
Geert Hofstedes kulturelle Dimensionen und Erin Meyers Kulturlandkarte zeigen eindrucksvoll, wie verschieden Kulturen sind. Ein Global-Leader wird häufig mit verschiedenen Kulturen arbeiten, die sich mitunter diametral verhalten können.

Kulturelle Agilität ist die Flexibilität und die Fähigkeit, zwischen der Arbeit mit unterschiedlichen Kulturen erfolgreich zu navigieren.

Vor allem in interkulturellen Teams stellt es eine Herausforderung dar, die verschiedenen kulturellen Eigenschaften zu berücksichtigen. Stellen Sie sich einen Einkaufsleiter einer globalen Organisation mit Mitarbeitern in China, Indien, Deutschland und den USA vor. In einer Verhandlung über globale Lieferverträge trifft er auf unterschiedliche Erwartungen im Team. Die US-amerikanischen und deutschen Kollegen fokussieren sich auf klare, messbare Ergebnisse und direkte Kommunikation. Im Gegensatz dazu legen die chinesischen und indischen Mitarbeiter mehr Wert auf Beziehungsaufbau und indirekte Kommunikation. Der Leiter nutzt seine kulturelle Agilität, um flexibel auf beide Ansätze einzugehen, schafft Vertrauen in China und Indien, während er gleichzeitig die strukturierten, faktenorientierten Erwartungen der westlichen Kollegen berücksichtigt. So sichert er den Erfolg des Teams.

Das Wissen über die Unterschiede zu anderen Kulturen sowie die Fähigkeit, darin zu navigieren und effektiv mit anderen Kulturen zu arbeiten, umfasst die kulturelle Intelligenz [17]. Kulturelles Bewusstsein, Wissen, Sensibilität und Agilität sind die Basis dafür. Stereotypen zu vermeiden und unvoreingenommen zu sein, ist notwendig, um einen respektvollen und produktiven Umgang miteinander zu ermöglichen.

4.4.4 Integrität

Kommunikation und Zusammenarbeit mit Menschen aus anderen Kulturen ist an sich bereits sehr komplex und beinhaltet verschiedene Ansätze der Kommunikation, die Behandlung von Konflikten oder auch die klassische Führungssituation. Auch in der lokalen Zusammenarbeit im selben Kulturkreis sind wir Menschen sehr vielschichtig. Das, was wir sagen, muss nicht automatisch mit dem übereinstimmen, was wir denken. Im privaten Umfeld sind wir dahin gehend sehr vorsichtig. Wir versuchen, Menschen nicht zu verletzen, und gehen behutsam vor, um die Beziehung nicht negativ zu beeinflussen. Im beruflichen Kontext ist dies hingegen kritisch, da wir von unserer Führungskraft beispielsweise ein ehrliches Feedback erhalten wollen oder verstehen möchten, wie unsere Führungskraft denkt und wie Entscheidungen getroffen werden. Diese Transparenz, die Übereinstimmung zwischen dem Kommunizieren und dem Handeln, wird als Integrität bezeichnet. Es bedeutet, ehrlich und aufrichtig zu sein, starke moralische Prinzipien zu haben und diese zu vertreten, konsistent in der Anwendung, sich an einem eigenen Wertekompass zu orientieren und ethische Grundsätze zu vertreten sowie sich an Vereinbarungen zu halten und vertrauliche Informationen zu schützen. Das eigene Handeln muss stets im ethischen Einklang mit den Werten des Unternehmens stehen [18].

Eine bereits im lokalen Kontext hohe Anforderung an Führungskräfte, die im globalen Kontext unumgänglich wird, da eine Vielzahl von Hürden auftreten:

- **Distanz:** Die große Distanz erlaubt keine enge und umfassende Kontrolle des Gesagten und oft auch nicht der Handlungen.
- **Kulturelle Unterschiede:** Erin Meyers Modell zeigt bereits, dass andere Kulturen über ein anderes Wertesystem verfügen. Davon geleitet sind die Handlungen und die Form der Kommunikation. Als Global-Leader muss man sich darauf verlassen können, dass Mitarbeiter integer sind. Im Umkehrschluss müssen sich auch global geführte Mitarbeiter darauf verlassen können, dass der Global-Leader integer ist.
- **Transformative Führung:** In einer globalen Führungssituation wird man überwiegend über die transformative Führung Erfolge erzielen. Genau dieser Führungsstil erfordert die Zusammenarbeit auf einer tiefen Beziehungsebene. Eine gute Beziehung kann sich nur dann entwickeln, wenn beide Seiten integer handeln. Wird ein Bruch der Integrität festgestellt, hat dies unmittelbare Auswirkungen auf die Beziehung zwischen Führungskraft und Mitarbeiter.

> Ohne Integrität, sowohl seitens des Global-Leaders als auch auf der Seite der Mitarbeiter, würde Global-Leadership nicht funktionieren.

Global-Leader stehen häufig vor komplexen und unklaren Situationen, in denen Entscheidungen getroffen werden müssen. Die Integrität bietet hier einen moralischen Kompass für genau diese schwierigen Entscheidungen, insbesondere, wenn Sie mit Interessenkonflikten, kulturellen Unterschieden oder ethischen Dilemmata konfrontiert sind. Integritätsbewusste Führungskräfte treffen hier mit größerer Wahrscheinlichkeit Entscheidungen, die nicht nur gesetzeskonform, sondern auch ethisch einwandfrei sind und damit eine langfristige Nachhaltigkeit und positive Auswirkungen gewährleisten.

Denken Sie daran: Als Global-Leader sind Sie ein Vorbild. Durch die eigenen Handlungen setzen Sie als Global-Leader Standards in Ihrem Team. Wollen Sie eher ein integres Team oder nicht?

4.4.5 Neugier

Ich darf Ihnen an der Stelle als Leser gratulieren. Dadurch, dass Sie dieses Buch lesen, haben Sie bereits Neugier bewiesen. Die Neugier ist der tiefe Wunsch, mehr Informationen über ein bestimmtes Thema zu erhalten und durch deren Anwendung Wissen zu generieren. Neugier ist intrinsisch motiviert. Erinnern Sie sich noch an die Konzepte Fixed-Mindset und Growth-Mindset? Ein Fixed-Mindset würde Veränderungen negieren und folglich auch keine Neugier entwickeln. Warum sollte man auch neugierig sein, wenn der Status quo ausreichend ist? Folglich sind es Menschen mit einem Growth-Mindset, für die der Status quo nicht zu akzeptieren ist. Die Neugier ist damit eine der treibenden Kräfte in der Entwicklung zum Global-Leader. Jedoch nicht nur, um Global-Leader zu werden, sondern es auch erfolgreich zu bleiben. Mit Neugier lassen sich Differenzen überbrücken. Wir entdecken durch sie neue Perspektiven, fördern Innovation und lernen kontinuierlich [19].

Global-Leader fühlen sich dadurch ermutigt, offen für unterschiedliche Kulturen und Denkweisen zu sein, woraus sich ein tiefes Verständnis für die Dynamik globaler Märkte entwickelt. Neugier treibt sie dabei an, neue Märkte zu erkunden, innovative Lösungen zu finden und kreative Wege zu gehen, die andere nicht in Betracht ziehen würden.

Die eigene Neugierde als Global-Leader regt darüber hinaus die Teammitglieder an, ebenfalls neugierig zu sein – auf neue Kulturen, innovative Lösungsansätze und unbekannte Märkte. Dadurch entsteht ein Umfeld, in dem Fragen willkommen sind und der Wissenserwerb aktiv unterstützt wird. Diese Offenheit und Lernbereitschaft sind besonders im globalen Kontext von großer Bedeutung, da der Umgang mit unterschiedlichen Kulturen, Normen und Arbeitsweisen ständige Anpassung und Lernbereitschaft erfordert – sowohl als Global-Leader als auch im Team.

Neugier wird somit zu einem integralen Bestandteil der gemeinsamen Teamkultur. Teams, die von Neugier geprägt sind, sind flexibler, kreativer und widerstandsfähiger gegenüber Veränderungen. Sie hinterfragen bestehende Prozesse, suchen aktiv nach Verbesserungsmöglichkeiten und sind offen für neue Ansätze. Diese Haltung stärkt die Fähigkeit des Teams, auf globale Herausforderungen agil zu reagieren und sich kontinuierlich weiterzuentwickeln.

Ebenso fördert Neugier die Zusammenarbeit über kulturelle und geografische Grenzen hinweg. Global-Leader, die neugierig sind, schaffen eine Atmosphäre, in der verschiedene kulturelle Perspektiven nicht nur respektiert, sondern auch aktiv eingebracht und diskutiert werden. Das wiederum erhöht das gegenseitige Verständnis und Vertrauen im Team und stärkt die kollektive Intelligenz, die für den Erfolg in einem globalen Umfeld unerlässlich ist.

> Seien Sie als Global-Leader stets neugierig!

4.5 Vertrauen

Vertrauen ist ein fundamentaler Bestandteil jeder zwischenmenschlichen Beziehung und bildet die Grundlage für effektive Zusammenarbeit. Es ist das Gefühl der Sicherheit, das entsteht, wenn man sich auf die Integrität, Verlässlichkeit und Kompetenz einer anderen Person verlassen kann.

> Vertrauen ist wie ein unsichtbares Band, das Menschen in Beziehungen miteinander verbindet. Es entsteht durch wiederholte positive Interaktionen, bei denen die Erwartungen an Zuverlässigkeit, Ehrlichkeit und Kompetenz erfüllt werden.

Vertrauen reduziert Unsicherheiten und Ängste, indem es das Verhalten anderer vorhersagbarer macht.

Als Global-Leader haben Sie keine andere Möglichkeit, als Vertrauen aufzubauen und selbst vertrauenswürdig zu sein. Mikromanagement, als Gegenpol zum Vertrauen, funktioniert im globalen Kontext nicht. Zu selten sind persönliche Besuche, zu ungewiss sind Kontrollmechanismen und zu stark schränkt es die Kultur ein, wenn Vertrauen nicht gegeben ist.

Das Aufbauen von Vertrauen als Global-Leader ist ein kontinuierlicher Prozess, der Zeit, Konsistenz und Engagement erfordert, aber auch komplex ist und viele Faktoren beinhaltet. Eine der wichtigsten Methoden, um Vertrauen zu schaffen, ist die offene und transparente Kommunikation. Konsistentes Verhalten über die Zeit hinweg stärkt das Vertrauen, da es zeigt, dass man sich auf die Person verlassen kann. Ebenso ist Empathie, also die Fähigkeit, Gefühle anderer zu erkennen, zu verstehen, nachzuempfinden und angemessen zu reagieren, relevant im Aufbau von Vertrauen.

Bereits Erin Meyer hat in ihrem Modell der Kulturlandkarte Vertrauen als eine der 8 relevanten Dimensionen erkannt [14]. Hinsichtlich des Vertrauensaufbaus im globalen Kontext ist relevant, wie schnell Kulturen Vertrauen aufbauen. Dazu untersucht der World Value Survey (WVS) seit 1981 in globalen Umfragen die Einstellung zu Vertrauen weltweit. Dabei handelt es sich um ein internationales Forschungsprojekt, das seit Jahrzehnten standardisierte, landesweit repräsentative Sozialerhebungen durchführt, in denen die politischen, sozioökonomischen und kulturellen Werte der Menschen in aller Welt erfragt werden. Im WVS werden dafür verschiedene Fragen zum Thema Vertrauen gestellt. Die allgemeinste Frage, übersetzt aus dem Englischen, lautet: „Würden Sie allgemein sagen, dass man den meisten Menschen vertrauen kann oder dass man im Umgang mit Menschen sehr vorsichtig sein muss?" (S. 4). Mögliche Antworten dabei umfassen: „Den meisten Menschen kann man vertrauen", „Ich weiß nicht" und „Man muss sehr vorsichtig sein" [20].

Betrachtet man die volle Zustimmung, „Den meisten Menschen kann man vertrauen", ergibt sich eine starke Diskrepanz in den Ländern wie in Abb. 4.2 dargestellt. In dieser Übersicht wurden aus allen Ländern jeweils die 10 Länder am oberen und am unteren Ende der Skala selektiert [21].

Es ist für Sie als Global-Leader damit wichtig, zu wissen, welchen Stellenwert Vertrauen im jeweiligen Kulturkreis hat. Unabhängig davon braucht es Zeit, Vertrauen aufzubauen. Persönliche Treffen sind zwar fördernd für den Vertrauensaufbau, stellen aber nicht das alleinige Mittel dar. Vertrauen muss durch konsistentes Verhalten auch über die Distanz laufend genährt werden.

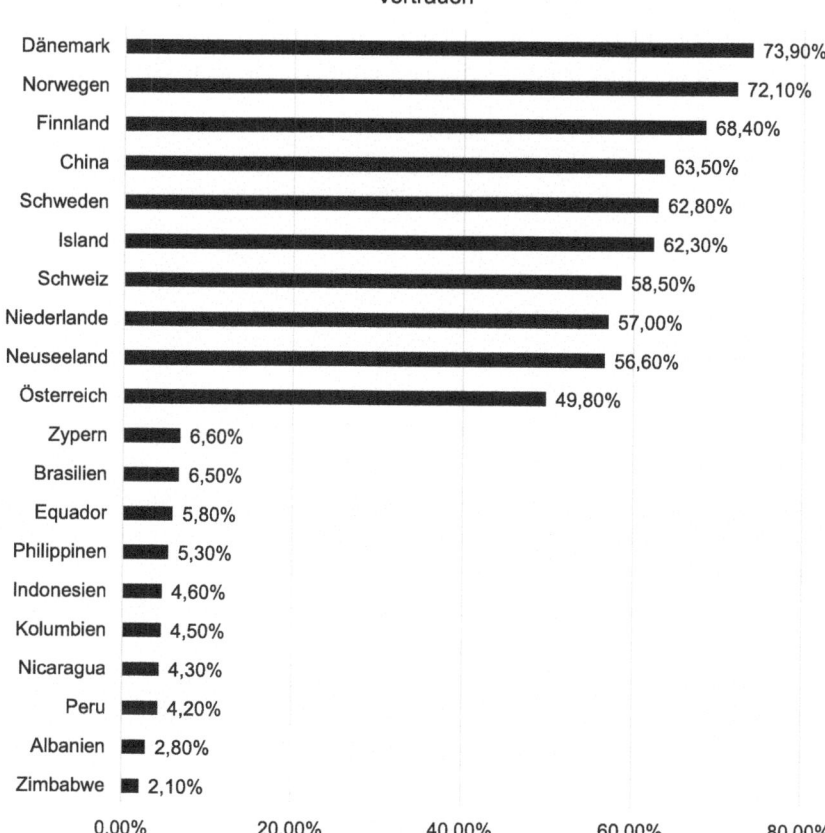

Abb. 4.2 Vertrauens-Index von Ländern. (Quelle: in Anlehnung an Haerpfer et al.)

4.6 Diversity Management

Diversity Management – also die Vielfalt von Menschen in einer Organisation aktiv zu fördern und gezielt zu nutzen – hat in den letzten Jahren an Popularität gewonnen. Die Vielfalt schließt dabei Geschlechter, Religion, Ethnizität und vieles mehr ein. In einer 2023 von McKinsey durchgeführten Studie, an der 1265 Unternehmen aus 23 Ländern aller Kontinente teilnahmen, wurde der Effekt des Diversity Managements untersucht. Das Ergebnis war eindeutig: Je diverser ein Unternehmen in

Bezug auf Ethnizität ist, desto höher ist die Wahrscheinlichkeit auf finanziellen Erfolg. Konkret konnte dabei das oberste Quartil einen um 27,00 % höheren finanziellen Erfolg gegenüber anderen nachweisen [22].

Diversity Management kann daher nicht nur als eine Pflicht, sondern vielmehr als eine Chance angesehen werden. Global-Leader wissen, diese Chance zu nutzen.

Vielfalt ist eine treibende Kraft für Innovation, Kreativität und Wachstum. Ein Global-Leader erkennt den Wert dieser Diversität und nutzt sie gezielt, um den Erfolg des Unternehmens voranzutreiben. Unterschiedliche Perspektiven bereichern jede Diskussion und eröffnen neue Lösungswege, die den Horizont erweitern und frischen Wind in festgefahrene Strukturen bringen können. Vielfalt bedeutet dabei nicht nur, Menschen mit unterschiedlichen Hintergründen an einen Tisch zu bringen, sondern diese Unterschiede aktiv als Ressource zu nutzen.

Der Global-Leader agiert auch in diesem Bereich als Vorbild für seine Mitarbeiter. Indem er eine proaktive Haltung gegenüber Diversität im Team einnimmt, setzt er ein Zeichen und fördert gleichzeitig die Sensibilität für dieses Thema innerhalb der Gruppe. Ein Team, das Vielfalt bewusst lebt, ist widerstandsfähiger, flexibler und in der Lage, Herausforderungen auf kreative und innovative Weise zu meistern. Ein erfolgreicher Global-Leader versteht dies und fördert gezielt die Vielfalt im Unternehmen, um langfristige Wettbewerbsvorteile zu sichern.

Wird Diversität und Inklusion aktiv gefördert, schafft man ein Arbeitsklima, in dem sich jeder Mitarbeiter gehört und geschätzt fühlt. Inklusion bedeutet, dass alle Teammitglieder die Möglichkeit haben, ihre einzigartigen Fähigkeiten und Perspektiven einzubringen, was den Zusammenhalt stärkt und die Motivation fördert. Diese Wertschätzung und das Gefühl der Zugehörigkeit steigern nicht nur die individuelle Leistung, sondern auch die kollektive Zufriedenheit im Team.

Der Global-Leader hat die Aufgabe, ein Umfeld zu schaffen, in dem sich Vielfalt entfalten kann – ein Umfeld, in dem Unterschiede als Bereicherung gesehen werden und das Ziel nicht nur die Toleranz, sondern auch die aktive Zusammenarbeit zwischen Menschen unterschiedlicher

Herkunft, Ansichten und Kompetenzen ist. Gelingt dies, entsteht eine Dynamik, die Innovation beschleunigt und das Unternehmen nicht nur auf dem globalen Markt wettbewerbsfähiger macht, sondern es auch zu einem attraktiven Arbeitsplatz für Talente aus aller Welt werden lässt. Diversität ist also nicht nur eine ethische Verpflichtung, sondern auch ein strategischer Vorteil, der für den langfristigen Erfolg unverzichtbar ist.

> Diversity Management stellt einen Erfolgsfaktor im globalen Wettbewerb dar. Ein Global-Leader setzt auf Diversität.

Literatur

1. Arvey et al. (2006) The determinants of leadership role occupancy: Genetic and personality factors. The Leadership Quarterly 17(1):1–20. https://doi.org/10.1016/j.leaqua.2005.10.009
2. The Global Citizens Initiative (2024) What it Means to be a Global Citizen. https://www.theglobalcitizensinitiative.org/what-it-means-to-be-a-global-citizen-2/. Zugegriffen: 17. August 2024
3. Dweck C (2007) Mindset: The New Psychology of Success. Random House Publishing Group, New York
4. Keating L (2015) The potential role of mindsets in unleashing employee engagement. Human Resource Management Review 25(4):329–341
5. PricewaterhouseCoopers AG (2017) Success factors in post-merger integration. Deal makers share their recipes for success. https://www.pwc.de/de/deals/success-factors-in-post-merger-integration.pdf. Zugegriffen: 17. August 2024
6. Beer et al. (2016) Why Leadership Training Fails—and What to Do About It. Harvard Business Review 2016(10)
7. Development Dimensions International, Inc (2023) Global-Leadership Forecast 2023. https://media.ddiworld.com/research/glf2023.pdf. Zugegriffen: 17. August 2024
8. Harms et al. (2017) Leadership and stress: A meta-analytic review. The Leadership Quarterly 28(1):178–194. https://doi.org/10.1016/j.leaqua.2016.10.006
9. Kohlrieser et al. (2014) Resilient Leadership: Navigating the Pressures of Modern Working Life. Insights@IMD 42. https://imd.widen.net/view/pdf/v5hyhzcptn/42%2D%2D-resilient-leadership-final-28.11.14.pdf. Zugegriffen: 17. August 2024

10. Porter M, Nohria N (2018) How CEOs Manage Time. Harvard Business Review. https://hbr.org/2018/07/how-ceos-manage-time. Zugegriffen: 17. August 2024
11. Yue et al. (2021) Leaders as Communication Agents. Current Trends and Issues in Internal Communication. New Perspectives in Organizational Communication. Palgrave Macmillan, London
12. Konrad Lorenz (1986) Erziehung und Unterricht: Österreichische Pädagogische Zeitschrift. 136. Jg, Heft 9. Österreichischer Bundesverlag, Wien
13. Hofstede et al. (2017) Lokales Denken, globales Handeln: Interkulturelle Zusammenarbeit und globales Management. dtv Beck Wirtschaftsberater, München
14. Meyer (2014) the Culture Map: Breaking through the invisible boundaries of global business. PublicAffairs, New York
15. Wiez (2023) 82 Prozent der deutschen Unternehmen faxen noch. https://www.bitkom.org/Presse/Presseinformation/Digital-Office-Faxen-Unternehmen. Zugegriffen: 17. August 2024
16. Spiers (2023) Layoffs by Email Show What Employers Really Think of Their Workers. The New York Times. https://www.nytimes.com/2023/01/29/opinion/mass-tech-layoffs-email-google.html. Zugegriffen: 17. August 2024
17. Wachter (2024) Culture SPIN: Your 4-step toolkit for global leadership and cross-culture success. Defining Moments Press, Fresno
18. Hügelmeyer P, Glöggler A (2020) Integrität in der Führung: Erfolgreiches Leadership durch Persönlichkeit und Werte. Springer Gabler, Berlin
19. Shigeoka (2023) Seek: How Curiosity Can Transform Your Life and Change the World. Balance, New York
20. World Values Survey Association (2024) EVS/WVS 1981–2022 trend file (v4.0; Jun 30, 2024). https://www.worldvaluessurvey.org/WVSEVStrend.jsp. Zugegriffen: 17. August 2024
21. Haerpfer et al. (2022) World Values Survey Trend File (1981–2022) Cross-National Data-Set. Madrid, Spain & Vienna, Austria: JD Systems Institute & WVSA Secretariat. Data File Version 4.0.0. https://doi.org/10.14281/18241.27
22. Dixon-Fyle et al. (2023) Diversity matters even more: The case for holistic impact. https://www.mckinsey.com/featured-insights/diversity-and-inclusion/diversity-matters-even-more-the-case-for-holistic-impact. Zugegriffen: 17. August 2024

5

Meine Transformation zum Global-Leader

Zusammenfassung Global-Leadership ist eine Herausforderung und in der Komplexität nicht mit der Führung von rein lokalen Organisationen vergleichbar. Das Trainingsangebot ist gering und erst wenige Unternehmen bieten entsprechende Programme an, in denen sie ihre Führungskräfte auf diese Rolle vorbereiten. Als Führungskraft sind Sie es jedoch gewohnt, selbst aktiv zu werden und Ihre Karriere zu gestalten. Deshalb konzentriert sich dieses letzte Kapitel auch ganz darauf, Sie bei der Weiterentwicklung Ihrer Kompetenzen zu unterstützen, indem es das GLM sowie das Zielbild eines Global-Leaders heranzieht. Die Selbstanalyse ist eine gute Standortbestimmung, auf deren Basis Sie hier zielgerichtet Informationen finden. Viel Erfolg bei Ihrer Entwicklung zum Global-Leader!

Die vorigen Kapitel haben eindrucksvoll aufgezeigt, wie komplex die Herausforderung eines Global-Leaders ist. Vieles wurde durch Modelle und deren Auflösung in die einzelnen Elemente klarer. Das bloße Wissen darum reicht jedoch nicht aus, weshalb wir uns nun ausschließlich um Sie als Global-Leader kümmern und dabei der Frage auf den Grund gehen, wie Sie diese Transformation für sich gestalten können. Es wird

M. Hofer, *Global-Leadership*, https://doi.org/10.1007/978-3-662-70572-8_5

dies auch jenes Kapitel sein, das Sie immer wieder aufschlagen werden, weshalb es auch kurz und prägnant gehalten wird, damit Sie rasch das finden, wonach Sie suchen. Die Hektik des Alltags ist ohnehin sehr hoch. Zudem folgen Global-Leader häufig nicht dem klassischen 9-to-5-Job-Modell, was auf verschiedene Faktoren wie unterschiedliche Zeitzonen, die Always-on-Mentalität und teils globale Veränderungen zurückzuführen ist.

Sowohl die Theorie als auch zahlreiche Praxisbeispiele haben Sie bis hierher kennengelernt, nun geht es um die Anwendung dieser in Ihrer täglichen Praxis und darauf aufbauend um die Entwicklung Ihrer Kompetenz zum Global-Leader. Dafür braucht es nicht nur Wissen, sondern auch Erfahrung, denn Wissen + Erfahrung = Kompetenz. Das nötige Wissen und eine Anleitung zur praktischen Anwendung kann ich Ihnen hier vermitteln, die Umsetzung dessen allerdings nicht abnehmen. Jedoch möchte ich Sie an der Stelle nochmals dazu ermutigen, es einfach zu tun und das erworbene Wissen aktiv anzuwenden.

Eines noch vorweg: Kaum eine Persönlichkeitsentwicklung ist eine einmalige Angelegenheit. Die Transformation zum Global-Leader ist eine andauernde Reise, die nur durch Reflexion und konstante Anpassung sowie Wiederholung zum Erfolg führen wird.

Um Reflexion im Alltag zu integrieren und erfolgreich anzuwenden, gibt es mehrere Möglichkeiten

- Blocken Sie sich eine Zeit in Ihrem Kalender, etwa 30 min jeden Freitagvormittag, um zu reflektieren.
- Nutzen Sie den Perspektivenwechsel, um die Reflexion möglichst aus verschiedenen Blickwinkeln zu betrachten.
- Bitten Sie einen Coach, Mentor, Kollegen, Vorgesetzten um Unterstützung bei der Reflexion.
- Fragen Sie aktiv um Feedback, auch bei Ihren Mitarbeiten global.

Wissenschaftliche Untersuchungen (siehe Kap. 4) haben bestätigt, dass wir nicht als Führungskräfte oder Global-Leader geboren werden, sondern dass dies das Ergebnis einer intensiven Entwicklung ist. Es ist mein fester Glaube und es entspricht meiner tiefsten Überzeugung, dass Neugier in diesem Prozess eine treibende Kraft darstellt. Mit Neugier ausgestattet durchs Leben zu gehen, national wie international, und dabei Menschen im Ausland zu begegnen, mehr über ihre Kultur zu erfahren und zu lernen – genau diese Neugier ist es, die uns das Unternehmen als System aus wirtschaftlichen, politischen, soziologischen und technischen Bestandteilen verstehen lässt.

Glauben auch Sie daran!

5.1 Selbstanalyse zur Analyse eines Global-Leaders

Die in Abschn. 3.2.1 zur Verfügung gestellte Selbstanalyse ist ein guter Startpunkt für Ihre Entwicklung zum Global-Leader. Diese wurde auf der Grundlage der im Buch vorgestellten Modelle entwickelt und bietet Ihnen erste Einblicke in Ihre persönlichen Schwerpunkte, indem sie Aufschluss darüber gibt, wo Ihre Stärken bereits liegen und wo noch Entwicklungsbedarf besteht. Die Selbstanalyse ist zudem auch online unter https://www.global-fuehren.com verfügbar. Bitten Sie auch Kollegen oder Ihren Vorgesetzten, diese über Sie durchzuführen, um dadurch ein möglichst umfassendes Bild für Ihre Standortbestimmung zu erhalten.

Tipp

Fokussieren Sie sich in den folgenden Kapiteln vor allem auf jene Bereiche, in denen die Selbstanalyse die größten Entwicklungsmöglichkeiten vorsieht. Wiederholen Sie dazu in regelmäßigen Abständen die Selbstanalyse.

Halbjährlich – oder zu Beginn auch alle 90 Tage – stellt ein angemessenes Intervall dar, um der Entwicklung auch die Zeit zu geben, die sie benötigt. Dadurch sehen Sie, wo Sie sich bereits entwickelt haben und auf welche Bereiche Sie sich im nächsten Intervall konzentrieren sollten.

5.2 Entwicklung nach dem Modell

Wo immer man Komplexität vorfindet, versucht man, diese zu reduzieren – so auch in der globalen Führung durch die Entwicklung des GLM in Verbindung mit der Darstellung des Global-Leaders. Damit wird es möglich, dass jedes Element des GLM zunächst isoliert betrachtet werden kann. Sowohl eine Standortbestimmung der einzelnen Elemente nach der Selbstanalyse als auch eine punktuelle Entwicklung ist möglich. Dadurch entwickelt man für sich die Bausteine, aus denen Global-Leader gemacht sind, und formt aus diesen daraufhin das Gesamtsystem, mit dem erfolgreiches Global-Leadership möglich wird.

> In der Entwicklung beginnt man stets zuerst bei sich selbst, weshalb auch wir mit Ihnen als zukünftigen Global-Leader starten.

5.2.1 Sie als Global-Leader

5.2.1.1 Mindset als Teil Ihrer Persönlichkeit

Ihre Persönlichkeit umfasst einzigartige psychologische Merkmale von Ihnen, die Ihr Denken, Fühlen und Verhalten bestimmen. Sie besteht aus Charaktereigenschaften, Temperament, Werten, Emotionen sowie einem Selbstbild und hat Einfluss auf Ihr Mindset. Es ist Ihr Global Mindset, das Ihnen den Weg für eine erfolgreiche Führung im globalen Kontext ermöglicht. Erinnern Sie sich noch an Carol Dweck und ihr Konzept des „Fixed-Mindset" und des „Growth-Mindset" sowie Letzteres als Voraussetzung für ein Global Mindset? [1]

Die Entwicklung eines Growth-Mindset ist ebenso kein linearer Prozess, der aus einem Start- und einem Endpunkt besteht. Vielmehr beginnt es damit, die Triggerpunkte, also eine Situation, die für das eigene Fixed-Mindset verantwortlich ist, zu erkennen. Stellen Sie sich vor, dass ein Meilenstein in einem Ihrer Veränderungsprojekte nicht mehr erreichbar ist und dies Ihnen soeben bewusst wurde. Dabei wird das Fixed-Mindset getriggert. Eine erste Reaktion könnte instinktiv sein: „Wie konnte ich das nur wieder übersehen? Dass das auch immer mir passiert."

Andere Trigger können sein

- Rückschläge sind unvermeidlich im Leben – sowohl im beruflichen als auch im privaten Kontext. Während ein Growth-Mindset Rückschläge als nicht maßgeblich betrachtet und schnell wieder auf Kurs kommt, sehen andere diese als unüberwindbare Hindernisse und geben auf.
- Negative Kritik kann unterschiedlich aufgenommen werden. Professionelle Athleten nutzen sie zur Verbesserung, während manche sie als persönlichen Angriff auffassen und an ihrem Selbstwert zweifeln.
- Herausforderungen und das Verlassen der Komfortzone sind wichtig für Wachstum. Wenn jedoch Misserfolg als Zeichen der Unmöglichkeit der Zielerreichung interpretiert wird, kann dies zum Aufgeben führen.

Zusätzlich kann der Erfolg anderer Menschen entmutigend wirken, besonders wenn man sich selbst mit erfahreneren Personen vergleicht. Ein Growth-Mindset erkennt, dass kontinuierliche Anstrengung zum eigenen Erfolg führen kann. Sobald dieser Trigger identifiziert wurde, besteht der nächste Schritt darin, zu erkennen, dass man immer eine Wahl hat, wie man darauf reagiert. So kann man entweder im bestehenden Fixed-Mindset bleiben oder sich für eine andere Option entscheiden, welche mehr dem Growth-Mindset entspricht. Letztendlich hat man selbst die volle Autonomie darüber, wie man Rückschläge und Herausforderungen interpretiert – dies stellt eine bewusste Entscheidung dar.

Sobald man erkannt hat, dass man immer eine Wahl hat, ist es an der Zeit, diese auch zu treffen.

Hier ein Beispiel

- Fixed-Mindset-Stimme: „Bist du dir sicher, dass du es schaffen kannst? Vielleicht hast du nicht das Talent dazu. Wenn du versagst, bist du ein Versager."
- Antwort der Growth-Mindset-Stimme: „Der einzige Fehler im Leben ist, es nicht zu versuchen. Es mag eine Herausforderung sein, aber ich weiß, dass ich es mit Zeitaufwand und Mühe schaffen werde."

Dies klingt in der Theorie zunächst einmal einfach, jedoch ist die Umsetzung in der Praxis deutlich schwieriger. Letztendlich ist es aber rein die Konsequenz des Erkennens des Triggers und das Treffen einer bewussten Entscheidung, das hier ausschlaggebend ist. Trifft man keine bewusste

Entscheidung, erledigt dies das Unterbewusstsein für uns. So wie es in 95,00 % der Fälle aller Entscheidungen der Fall ist – das Unterbewusstsein bestimmt. [2]

Um sich von einem Growth-Mindset hin zu einem Global Mindset zu entwickeln, spielt Neugier eine zentrale Rolle. Diese Neugier haben Sie im Buch bereits mehrfach kennengelernt – und das aus gutem Grund, denn ohne Neugier gibt es keinen Lernprozess und ohne kontinuierliches Lernen bleiben wir in unseren bestehenden Denkmustern gefangen. Doch für ein globales Mindset reicht es nicht aus, einfach nur offener für Neues zu sein. Es geht vielmehr um die aktive Freude und Bereitschaft, sich mit globalen Themen und Herausforderungen auseinanderzusetzen. Dabei ist es entscheidend, neugierig auf andere Kulturen zu sein – auf ihre Normen, Werte und die Unterschiede zur eigenen Kultur.

Ein globales Mindset erfordert die Fähigkeit, regelmäßig über den eigenen kulturellen Horizont hinauszublicken. Suchen Sie bewusst den Austausch mit Kollegen und Partnern aus verschiedenen Ländern, vor allem aus den Regionen, in denen Ihr Unternehmen aktiv ist. Hören Sie zu, welche Erfahrungen und Sichtweisen sie mitbringen. Diese unterschiedlichen Perspektiven sind wertvolle Ressourcen, die Ihre eigene globale Denkweise erweitern und vertiefen können.

In einer globalisierten Welt, die durch Dynamik und Komplexität geprägt ist, kann niemand allein alle Zusammenhänge vollständig verstehen. Daher ist es umso wichtiger, auf das kollektive Wissen und die Erfahrungen anderer zurückzugreifen. Unterschiedliche Menschen haben unterschiedliche Ansichten, Wissensquellen und Erfahrungen. Indem Sie auf diese Vielfalt zugreifen, können Sie eine umfassendere Sicht auf globale Entwicklungen gewinnen, die Ihnen als Global-Leader helfen, fundierte und zukunftsorientierte Entscheidungen zu treffen.

Ein Global Mindset entwickelt sich durch ständige Offenheit für andere Sichtweisen und eine aktive Suche nach neuem Wissen. Es ist nicht nur eine Fähigkeit, sondern eine Haltung, die Sie befähigt, flexibel auf Veränderungen zu reagieren, kulturelle Vielfalt als Bereicherung zu sehen und strategische Entscheidungen im globalen Kontext zu treffen.

> Nur wer sich kontinuierlich weiterbildet und bereit ist, über den eigenen Tellerrand zu blicken, kann als Global-Leader nachhaltig erfolgreich sein.

5.2.1.2 Integrität

Integrität zu entwickeln, bedeutet, sich konsequent an moralische und ethische Grundsätze zu halten, ehrlich zu sein und starke moralische Werte zu bewahren. Ihre eigenen Werte und Prinzipien, die Ihr Handeln leiten, sind dazu die Voraussetzung. Wir handeln meist intuitiv, da wir unsere Werte und Prinzipien verinnerlicht haben. Dennoch werden wir häufig von unseren Emotionen regelrecht überrannt und treffen Entscheidungen oft aus der Emotion heraus. [3] Um das zu vermeiden, identifizieren und formulieren Sie Ihre Werte. Prüfen Sie Überschneidungen mit den Werten Ihres Unternehmens. Sind diese deckungsgleich oder gibt es Abweichungen?

> Wenn Sie wissen, wofür Sie stehen und woran Sie glauben, erhalten Sie einen klaren Rahmen für Entscheidungen und Verhaltensweisen, die mit Ihren Werten übereinstimmen. Sie reduzieren so die Wahrscheinlichkeit, aus der Emotion heraus zu entscheiden.

Die interkulturelle Kommunikation stellt aufgrund kultureller und sprachlicher Unterschiede eine Herausforderung dar. Vermeiden Sie deshalb Mehrdeutigkeiten in der Kommunikation sowie Ausflüchte oder komplizierte Umschreibungen. Vermeiden Sie Täuschung, Übertreibung und Manipulation. Sagen Sie die Wahrheit, auch wenn es schwierig oder unangenehm ist. Wahrhaftigkeit schafft Vertrauen und Glaubwürdigkeit.

Halten Sie Ihre Zusagen und Versprechen ein. Wenn Sie sagen, dass Sie etwas unternehmen werden, sollten Sie es auch tun. Zuverlässigkeit und Verlässlichkeit sind Schlüsselelemente der Integrität. Erinnern Sie sich an die unterschiedlichen Kulturen und deren Haltung zu Pünktlichkeit.

Behandeln Sie andere mit Respekt und Fairness, unabhängig von ihrem Status oder ihrer Position. Vor allem asiatische Kulturen legen hohen Wert auf Respekt. Berücksichtigen Sie die Auswirkungen Ihres Handelns auf andere und bemühen Sie sich, so zu handeln, dass es gerecht und fair ist.

Holen Sie sich Feedback von anderen, um eine Perspektive für Ihr Handeln und Verhalten zu gewinnen. Konstruktives Feedback kann Ihnen helfen, Bereiche zu erkennen, in denen Sie sich verbessern müssen, und Ihr Engagement für Integrität zu stärken.

5.2.1.3 Demut

In einer an der New York University durchgeführten Studie wurde untersucht, wie sich das Kommunikationsverhalten von Mitarbeitern auf deren Führungsqualitäten auswirkt. Jene Mitarbeiter, die häufig kommunizieren, werden dieser Studie zufolge eher für eine Führungsrolle vorgeschlagen, während bestehende Führungskräfte, die oft kommunizieren, auch häufiger befördert werden. Dabei war der Inhalt der Botschaften weniger relevant, sondern Quantität vor Qualität war das vorherrschende Motto. [4]

In der Führung globaler Teams kehrt sich dieses Verhältnis um. Es ist die Demut, die einen Global-Leader erfolgreich werden lässt. Demut bedeutet, die eigenen Wissensgrenzen zu erkennen und offen zuzugeben, wenn man etwas nicht weiß. Stellen Sie Fragen! Aktives Zuhören und Fragen stellen sind Ausdruck von Demut und zeigen, dass Sie neugierig auf Lösungsvorschläge sind und die Ideen Ihrer Mitarbeiter hören möchten. Demnach wird empfohlen, in der Kommunikation mehr auf Qualität als auf Quantität zu setzen.

Demut zeigt sich auch in der Bereitschaft, das Wohl des Teams über das eigene Ego zu stellen. Ein Global-Leader erkennt an, dass der Erfolg des Teams Vorrang hat und stellt sich in den Dienst dieses Erfolgs. Dies beinhaltet, die Bedürfnisse und Entwicklungsmöglichkeiten der Teammitglieder in den Mittelpunkt zu rücken und sie aktiv zu fördern. Lassen Sie Mitarbeiter Ideen entwickeln und seien Sie offen für neue Systeme und Methoden, die Mitarbeiter zur Verbesserung der Arbeitsbedingungen und -strukturen vorschlagen.

Zu guter Letzt: Zeigen sie Verwundbarkeit! Niemand ist perfekt – auch Sie nicht als Global-Leader.

> Das richtige Maß an Demut stellt in der Führung von globalen Organisationen einen Balanceakt dar. Zu viel Demut schwächt die eigene Autorität, während zu wenig Demut das Entwicklungspotenzial des Teams hemmen kann.

Deshalb besteht die Herausforderung auch darin, zu wissen, wann Demut gefragt ist, beziehungsweise wann die Wahl auf Selbstbewusstsein und Autorität fällt.

5.2.1.4 Resilienz

Der Aufbau von Resilienz als Führungskraft bedeutet, die Fähigkeit zu entwickeln, sich an Herausforderungen anzupassen, eine positive Einstellung zu bewahren und sich von Rückschlägen zu erholen. Die Voraussetzung dafür ist erneut das richtige Mindset. Ein Fixed-Mindset hat einen definierten Rahmen, in dem sich die Person bewegt. Abweichungen größerer Natur, die außerhalb dieses Rahmens stattfinden, werden dabei als Belastung wahrgenommen, da diese nicht in das eigene Denkschema passen. Deswegen ist auch die Wahrung einer positiven Einstellung in Verbindung mit einem Growth-Mindset bzw. GlobalMindset wichtig. Üben Sie sich in Optimismus und konzentrieren Sie sich auf Lösungen statt auf Probleme. Das bedeutet jedoch nicht, dass Sie Schwierigkeiten ignorieren, sondern dass Sie diesen mit einer konstruktiven Einstellung begegnen. Positives Denken kann Ihre Fähigkeit, mit Stress und Widrigkeiten umzugehen, erheblich beeinflussen.

Ähnlich verhält es sich mit Veränderungen. Global-Leadership ist naturgemäß geprägt von Veränderungen, die oft bedeutende Ausmaße annehmen – so etwa bei gleichzeitigen Veränderungen in mehreren globalen Organisationen, wie bei der Ausrollung einer Strategie von der Zentrale in mehrere Niederlassungen.

> Anpassungsfähigkeit ist eine Kernkomponente der Resilienz. Anstatt sich gegen Veränderungen zu wehren, sollten Sie diese als Chance sehen, zu wachsen und zu lernen. Wenn Sie offen für neue Ideen und Ansätze sind, können Sie unsichere Situationen besser bewältigen. Es ist wichtig, Veränderungen anzunehmen und flexibel zu sein.

Die Entwicklung zum Global-Leader ist ein Prozess, bei dem Sie zahlreiche sowohl positive als auch negative Erfahrungen sammeln werden. Aus diesen Erfahrungen zu lernen, trägt zur Stärkung der Resilienz bei. Notieren Sie sich bei Bedarf sämtliche Erfahrungen und deren Ableitungen daraus im Rahmen Ihrer wöchentlichen Reflexion.

Zuletzt verlieren Sie nicht Ihren Humor und den Spaß an der Arbeit. Global-Leadership kann äußerst bereichernd, spannend sowie unterhaltsam sein. Schließlich hilft uns Humor auch, mit anderen Menschen in Beziehung zu treten und Beziehungen aufzubauen.

5.2.1.5 Kommunikation

Kommunikation selbst ist ein derart umfangreiches Thema, dass darüber bereits zahlreiche Bücher verfasst wurden. Im Führungskontext ist dies auch nicht weiter verwunderlich, da Führung überwiegend durch Kommunikation stattfindet. Wie wir als Führungskraft etwas formulieren, mit wem wir was kommunizieren sowie die Frage, wann wir das tun, und ob wir auch die Antwort entsprechend verarbeiten, hat großen Einfluss auf unseren Führungserfolg.

Aus Respekt gegenüber Ihrer Zeit und aufgrund des Versprechens, in diesem Kapitel kurz und prägnant zu bleiben, wird der Fokus im Folgenden nur auf die Kommunikation im Kontext des Global-Leaderships gelegt.

Je globaler Ihr Team ist, desto wichtiger ist es, klare Kommunikationsregeln festzulegen. Man kann sich im globalen Kontext nicht auf die persönlichen Gespräche in der Teeküche oder an sonst einem physischen Ort verlassen.

Halten Sie in Ihrem Kommunikationsplan auch fest, wann welches Kommunikationsmedium zum Einsatz kommt. Überlegen Sie bei jeder Art der Kommunikation, welches Medium am besten geeignet ist. So sollten beispielsweise strategische oder leistungsbezogene Themen eines Mitarbeiters sowie Projektkrisen immer telefonisch besprochen werden, während nicht dringende projektrelevante Informationen, die Verteilung einfacher Aufgaben sowie Statusabfragen ohne weiteres per E-Mail kommuniziert werden können. Diese bewusste Wahl des Mediums verbessert die Effektivität der Kommunikation und vermeidet Missverständnisse.

Aktives Zuhören ist kein neues Prinzip und wird bereits in vielen Kommunikationsratgebern thematisiert. Obwohl in der Praxis auf diesen Aspekt noch nicht genügend Wert gelegt wird, ist das aktive Zuhören im globalen Kontext jedoch von enormer Relevanz. Achten Sie dabei besonders auf verbale und nonverbale Signale und vermeiden Sie Annahmen und Behauptungen, da diese oft zu Missverständnissen führen. In einem globalen Umfeld ist es zudem wichtig, sich der kulturellen Unterschiede bewusst zu sein, welche die Kommunikation beeinflussen können. Unterschiedliche regionale Ausdrücke, Kommunikationsstile und Auffassungen hinsichtlich der Bedeutung von Respekt (zum Beispiel du/Sie im DACH-Raum) sind dabei entscheidend für den Erfolg in der interkulturellen Kommunikation.

Egal, in welchem Kontext oder über welches Medium Sie kommunizieren, Respekt sollte immer im Vordergrund stehen. Dies gilt besonders in interkulturellen Teams, wo unterschiedliche kulturelle Hintergründe, Altersunterschiede oder andere soziale Faktoren berücksichtigt werden müssen. Eine respektvolle Kommunikation fördert eine positive Arbeitsatmosphäre und stärkt die Zusammenarbeit im Team.

> Denken Sie erneut an Ihre Vorbildfunktion als Führungskraft – Lead by Example. Kommunizieren Sie mit Ihrem Team so, wie Sie möchten, dass man mit Ihnen kommuniziert.

5.2.1.6 Kulturelle Agilität und Intelligenz

Wissen über andere Kulturen ist die Basis für die Entwicklung der kulturellen Intelligenz und in weiterer Folge der Agilität. Nutzen Sie an der Stelle die Quellen, die Ihnen zur Verfügung stehen.

Ihre Mitarbeiter, Ihr Team Wenn Sie bereits in einem globalen Team arbeiten, nutzen Sie deren Erfahrung und Wissen über deren Kultur. Teilen Sie ebenso Ihre Erfahrung aus der eigenen Kultur. Das schafft nicht nur ein gemeinsames Verständnis über kulturelle Unterschiede, sondern vermittelt auch Inhalte zu diesem Themenkomplex.

Geert Hofstedes Modell der Kulturdimensionen Dieses Modell habe ich Ihnen bereits in Abschn. 2.5 vorgestellt. Unter https://www.hofstede-insights.com finden Sie dazu ein Ländervergleich-Tool. Damit können die zuvor vorgestellten sechs Kulturdimensionen für nahezu jedes Land miteinander verglichen werden. Vergleichen Sie als Beispiel die Dimension der Machtdistanz mit anderen Kulturen in Ihrem Team.

Erin Meyers Kulturlandkarte Erinnern Sie sich noch an die Kulturlandkarte und wie Ihnen diese in der Kommunikation unterstützend zur Seite stehen kann? Unter https://www.erinmeyer.com finden Sie auch hier ein Tool zur Darstellung der Kulturlandkarte unterschiedlicher Länder. Ein Vergleich hilft, zu verstehen, welche Unterschiede es beispielsweise in der Terminplanung gibt.

Konkreter Wissensaufbau durch Externe In manchen Situationen ist es sinnvoll, sich von externen Beratern in Bezug auf eine konkrete Kultur beraten zu lassen. Vor allem dann, wenn in der Organisation kein Wissen darüber vorhanden ist und man noch über keine Organisation im entsprechenden Land verfügt – beispielsweise bei

- neuen Kundenprojekten
- innerhalb von Due-Diligence-Verfahren im Rahmen von geplanten Unternehmensakquisitionen
- einer geplanten Expansion in ein neues Land

> **Projekt in Saudi-Arabien**
>
> Im Jahr 2015 erreichte unser Unternehmen eine Anfrage für ein Projekt im mittleren zweistelligen Millionenbereich. Der potenzielle Kunde aus Saudi-Arabien hatte bereits vergleichbare Projekte besichtigt und war überzeugt, dass wir als österreichischer Lieferant ein guter Partner wären. Bis zu dem Zeitpunkt hatten wir noch nie eine Geschäftsbeziehung mit einem Unternehmen aus Saudi-Arabien und auch keine Person im eigenen Unternehmen, die mit der saudi-arabischen Kultur vertraut war. Wir entschlossen uns deshalb, noch vor Abgabe des ersten Angebots einen entsprechenden Berater zu beauftragen, was sich als gute Entscheidung herausstellte, da wir so bereits vor Projektbeginn unser Team auf die kulturellen Unterschiede vorbereiten konnten. Durch die fortlaufende Begleitung dieses Beraters über die gesamte Projektzeit hinweg konnten wir dieses letztendlich innerhalb der definierten Ziele abschließen.

Reisen Nutzen Sie die Zeit, die Sie in einem fremden Land verbringen. Vor allem Führungskräfte tendieren aus Gründen der Effizienz dazu, ihre Dienstreisen möglichst kurz zu halten. Was dabei allerdings bleibt, sind

Aufenthalte am Flughafen, im Unternehmen und im Hotel. Die Kultur eines Landes besteht jedoch aus wesentlich mehr als aus diesen 3 Elementen. Nehmen Sie sich daher die Zeit, denn dies trägt zu Ihrer eigenen persönlichen Entwicklung bei.

5.2.2 Kultur in der Führung

Im Zuge der Entwicklung zum Global-Leader haben Sie bereits erfolgreich Wissen über andere Kulturen entwickelt. Sie verfügen über kulturelles Bewusstsein und sind sich der Notwendigkeit der Demut bewusst.

Kulturelles Bewusstsein, Kompetenz, Sensibilität und Demut (siehe Abb. 3.3) betrifft Sie, aber eben auch alle anderen, die in Ihrer Organisation tätig sind. Das Ziel dabei ist es, dass jede Führungskraft in ihrer jeweiligen Organisation, aber auch jeder Mitarbeiter eine kulturelle Kompetenz entwickelt.

Sie erreichen das, indem die Thematik der Kultur und der kulturellen Unterschiede offen dargestellt wird. Ein intensiver Austausch mit Ihren Mitarbeitern sorgt für Transparenz hinsichtlich solcher Unterschiede sowie möglicher Schwierigkeiten und bringt Vorteile im täglichen Betrieb einer Organisation. Nutzen Sie die vielen Gelegenheiten in beiden Organisationen, um über Kultur zu diskutieren, und organisieren Sie auf beiden Seiten formelle und informelle Kulturaustauschprogramme, um das kulturelle Bewusstsein zu verbreiten.

Nutzen Sie mitunter strukturierte Elemente wie Geert Hofstedes Modell der Kulturdimensionen. Diskutieren Sie als Beispiel die Dimension der Machtdistanz und deren Auswirkungen auf die Zusammenarbeit im gemeinsamen, globalen Team. Respektieren Sie dabei auch mögliche geografische Unterschiede. Auch wenn Hofstedes Modell ein sehr breit angelegtes ist, so finden sich in Ländern teilweise Subkulturen wieder, weshalb es vermessen wäre, beispielsweise alle 1,4 Mrd. Menschen, die in Indien leben, mit nur wenigen Worten zu beschreiben. Nutzen Sie deshalb den Austausch der Teams, um die feinen Nuancen der Kultur zu verstehen. Wenn möglich, organisieren Sie dabei neben dem virtuellen auch einen physischen Austausch. Lassen Sie ihre globalen Mitarbeiter die Lücken zur kulturellen Kompetenz füllen.

Sehen Sie auch für sich die Entwicklung des kulturellen Bewusstseins und der Kompetenz nicht als abgeschlossen an, sondern versuchen Sie vielmehr, die kulturellen Codes wie beispielsweise nonverbale Signale, Symbole und Rituale, soziale Normen und Glauben zu entschlüsseln und ihren Umgang und Anwendung laufend zu verbessern. Teilen Sie Ihre Erfahrungen regelmäßig mit Ihrem lokalen Team.

5.2.3 Beziehung

Beziehungen – und in weiterer Folge auch Netzwerke – bilden das Fundament einer jeden Führungskraft. Während es vielen Menschen bereits in der eigenen Kultur schwerfällt, eine tiefe Beziehung aufzubauen, stellt dies im interkulturellen Kontext ein noch schwierigeres Unterfangen dar. Dabei sind tiefe Beziehungen, die auf Empathie, echtem Interesse und Respekt basieren, wichtig, um als Führungskraft erfolgreich zu sein.

Der erste Schritt zur Entwicklung tiefgehender Beziehungen ist die Haltung, mit der Sie auf Ihre Mitarbeiter zugehen. Dabei ist es entscheidend, Beziehungen nicht aus der Perspektive des eigenen Nutzens zu betrachten, sondern stets mit der Frage gegenüber ihrem Mitarbeiter zu beginnen: „Wie kann ich dir helfen?", wobei auch hier die Demut eine große Rolle spielt. Mit dieser Vorgehensweise zeigen Sie echtes und aufrichtiges Interesse am Wohlergehen und Erfolg Ihres Mitarbeiters. In vielen Kulturen ist dieses Prinzip tief verankert und führt oft zum Gesetz der Reziprozität: Wenn Sie sich authentisch und selbstlos um die Bedürfnisse anderer kümmern, werden diese Menschen auch Ihnen helfen wollen. Dies schafft eine Grundlage des Vertrauens, der gegenseitigen Unterstützung und des gemeinsamen Erfolgs.

Es ist wichtig, den Mitarbeiter nicht nur als Kollegen oder Ressource zu betrachten, sondern stets als einen Menschen mit eigenen Interessen, Herausforderungen und kulturellen Hintergründen. Vor allem Führungskräfte großer Organisationen neigen hier zur De-Personalisierung, was an der häufigen Verwendung des Begriffs „Ressource" erkennbar wird. Die ganzheitliche Sichtweise ermöglicht es Ihnen jedoch, eine tiefere Verbindung aufzubauen, die über das rein Berufliche hinausgeht. Nehmen Sie sich die Zeit, die individuellen Geschichten und Perspektiven Ihrer

Mitarbeiter kennenzulernen. Dies fördert nicht nur die persönliche Beziehung, sondern ermöglicht es Ihnen auch, kulturelle Unterschiede besser zu verstehen und zu respektieren.

Investieren Sie bewusst Zeit in den Aufbau und die Pflege von Beziehungen. Wenn Sie vor Ort mit einem Mitarbeiter arbeiten, planen Sie ausreichend Zeit ein, um Seite an Seite zu arbeiten. Dies gibt Ihnen die Möglichkeit, die Arbeitsweise, die Persönlichkeit und die kulturellen Zugänge Ihres Mitarbeiters besser zu verstehen. Diese Nähe fördert ein tieferes Verständnis und stärkt die Zusammenarbeit.

Auch in der virtuellen Kommunikation sollten Sie über die bloße Agenda hinausgehen. Nutzen Sie die Gelegenheiten, auch persönliche Gespräche zu führen, so wie Sie es mit einem Kollegen im Büro in der Teeküche tun würden. Ein kurzer Austausch über das Wochenende, Hobbys oder kulturelle Ereignisse kann helfen, die Distanz zu verringern und die Beziehung zu vertiefen. Eine Beziehung zu pflegen, funktioniert lokal nahezu automatisch. Eine solche auf Distanz zu pflegen, benötigt hingegen Struktur und Disziplin.

Achten Sie darauf, kulturelle Unterschiede zu respektieren und sich diesen anzupassen. Zeigen Sie Interesse an den kulturellen Besonderheiten Ihrer Mitarbeiter und seien Sie offen für unterschiedliche Kommunikationsstile und Verhaltensweisen. Nehmen Sie dazu erneut das Modell von Erin Meyer zur Hand, um die Details der Kulturen zu ergründen.

> Dieser Respekt und das Verständnis für die Vielfalt in Ihrem Team sind die Grundlage für den Aufbau nachhaltiger und wertvoller Beziehungen.

5.2.4 Perspektive

Führung ist nie eindimensional. Dies gilt einerseits für der Beziehung zu den Mitarbeitern, andererseits ist auch die reine Erfüllung der Unternehmensziele nicht die einzig zu betrachtende Dimension. Die Aufgabe einer Führungskraft ist stets, die Balance aller beteiligten Elemente eines Systems herzustellen und zu halten. Nur so können auch Sie sich als Global-Leader stets im Gleichgewicht zwischen dem Unternehmen, ihren lokalen sowie entfernten Mitarbeitern und sich selbst befinden, wie in Abb. 5.1 dargestellt.

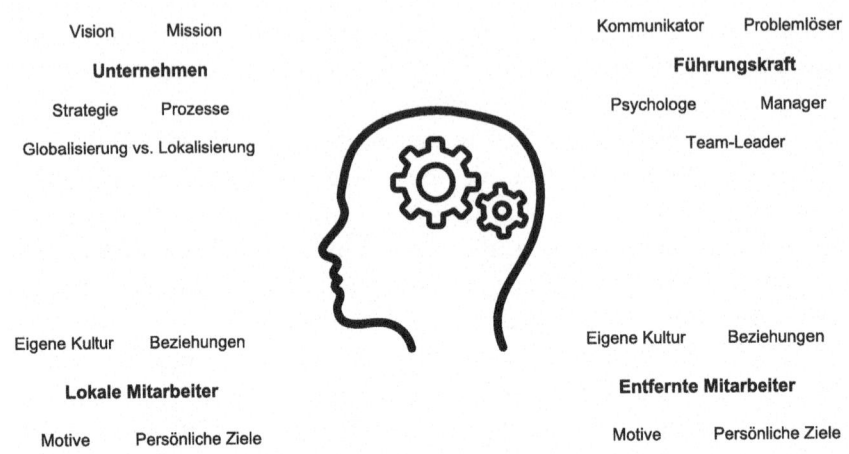

Vision   Mission

Unternehmen

Strategie   Prozesse

Globalisierung vs. Lokalisierung

Kommunikator   Problemlöser

Führungskraft

Psychologe   Manager

Team-Leader

Eigene Kultur   Beziehungen

Lokale Mitarbeiter

Motive   Persönliche Ziele

Eigene Kultur   Beziehungen

Entfernte Mitarbeiter

Motive   Persönliche Ziele

Abb. 5.1 Verschiedene Perspektiven als Global-Leader

Versuchen Sie, in Ihrem täglichen Handeln immer in Perspektiven zu denken, und das in jeder Kommunikation – sowohl sendend als auch empfangend – zu berücksichtigen. Vor allem mit der Zunahme der asynchronen elektronischen Kommunikation konzentrieren wir uns beim Empfang einer Nachricht häufig ausschließlich auf den Sachinhalt anstatt

- die Beziehungsebene zu betrachten (in welcher Beziehung steht der Sender zu mir und was möchte der Sender mit dieser Nachricht ausdrücken),
- Motive der Nachricht in Verbindung mit persönlichen Zielen des Senders zu hinterfragen,
- die Färbung der eigenen Kultur auf die Nachricht zu berücksichtigen.

Nehmen Sie Ihre Vorbildwirkung als Global-Leader wahr und teilen Sie regelmäßig Ihre Perspektive mit Ihren Mitarbeitern und Teams. Geben Sie Ihnen Einblick in Ihre Sichtweise. Sie verfügen über Zugang zu Perspektiven, die anderen Mitgliedern im Team meist verwehrt bleiben: Zugang zur unternehmerischen Sicht, zu kulturellen Brücken, Ihren eigenen Gedanken, Werten, Prinzipien und Zielen. Nehmen Sie zur Kenntnis, dass Mitarbeiter in entfernten Organisationen nicht den gleichen Zugang zu Informationen haben wie lokale Mitarbeiter. Nutzen Sie deshalb auch unaufgefordert immer wieder die Gelegenheit, das große Ganze zu vermitteln: Das Zielbild in Verbindung mit der Vision.

Damit kultivieren Sie in Ihrer Organisation den Perspektivenwechsel, sodass auch Mitarbeiter beginnen, unterschiedliche Perspektiven einzunehmen. Sie schaffen damit eine Brücke von der entfernten Organisation zur lokalen Organisation.

5.2.5 Prozesse

Prozesse bilden das Rückgrat eines jeden Unternehmens und die Grundlage für eine zielgerichtete, effektive und effiziente Arbeitsweise. Sie sorgen dafür, dass Abläufe reibungslos funktionieren und alle Beteiligten auf gemeinsame Ziele hinarbeiten. Im Bereich des Global-Leaderships werden Führungsprozesse jedoch oft unterschätzt. Häufig sind diese lediglich ein Punkt auf einer langen Liste mit Schritten auf dem Weg zur Globalisierung. Diese Herangehensweise wird der Komplexität globaler Führung jedoch nicht gerecht. Global-Leadership ist kein einfacher Aufzählungspunkt, sondern vielmehr ein integraler Bestandteil, der sorgfältig geplant und strukturiert werden muss.

Um dieser Komplexität adäquat zu begegnen, ist es ratsam, einen eigenen Global-Leadership-Prozess zu etablieren, wie in Abb. 5.2 dargestellt. Dieser Prozess sollte nicht erst beginnen, wenn die Globalisierung bereits in vollem Gange ist. Vielmehr startet er idealerweise noch vor der eigent-

Abb. 5.2 Global-Leadership-Prozess

lichen Globalisierung, nämlich bereits bei der Entwicklung einer Strategie. Diese strategische Vorarbeit legt den Grundstein für alle weiteren Schritte und ist entscheidend, um spätere Herausforderungen proaktiv zu meistern.

> Ein Global-Leadership-Prozess sollte daher bereits in der Planungsphase eines Unternehmenskaufs oder vor der Eröffnung einer internationalen Niederlassung implementiert werden.

Er umfasst verschiedene Phasen und beginnt bei der Entwicklung einer globalen Führungsstrategie, die kulturelle Unterschiede und globale Märkte berücksichtigt. Anschließend folgt der Transformationsprozess, in dem die bestehenden Strukturen und Prozesse an die Anforderungen des globalen Geschäfts angepasst werden. Dieser Wandel ist entscheidend, um die Voraussetzungen für eine erfolgreiche internationale Führung zu schaffen.

Erst nach Abschluss dieser Transformationsphase geht der Prozess in die eigentliche operative Führung über. Hier zeigt sich, dass Global-Leadership nicht nur ein Aspekt unter vielen ist, sondern eine kontinuierliche Aufgabe, die eng mit der strategischen Ausrichtung und dem operativen Erfolg des Unternehmens verknüpft ist. Ein gut definierter Global-Leadership-Prozess schafft die Grundlage, um die globale Expansion reibungslos zu bewältigen und langfristig erfolgreich zu sein.

Strategie Legen Sie hier die Vision und Mission des geplanten Globalisierungsschrittes fest. Analysieren Sie die entfernte Kultur. Nutzen Sie dazu entweder Modelle wie jenes von Geert Hofstede, greifen Sie auf internes Wissen zurück oder beauftragen Sie externe Berater als Unterstützung. Erheben Sie den Bedarf an Führungskräften – sowohl in der lokalen als auch in der entfernten Organisation. Ein kombiniertes Integrations- bzw. Change-Team wird an der Stelle in Bezug auf notwendige Rollen und Kompetenzen formuliert.

Transformation Die Transformation bildet den Kern des Globalisierungsprozesses und wird durch die Vorarbeit des Strategieprozessschrittes unterstützt. Legen Sie Kommunikations- und Entscheidungsstrukturen fest, um die Transformation möglichst effizient durchführen zu können. Großen Wert sollten Sie auf die Erhaltung, Zusammenführung und Neuausrichtung beider Kulturen legen. Dabei integrieren und respektieren Sie die entfernte Kultur, aber schaffen zugleich eine gemeinsame Kultur. Die Bildung einer neuen Organisationsstruktur schafft die nachhaltige Basis für einen reibungslosen Betrieb der neuen Organisation. Stellen Sie die operativen Prozesse dar (Vertrieb, Einkauf, Produktion, Service) und verbinden Sie diese mit den Führungsprozessen. Ein begleitendes Change-Management unterstützt den erfolgreichen Abschluss der Transformation.

Betrieb Der laufende Betrieb im Global-Leadership-Prozess berücksichtigt vorwiegend die Führungsprozesse. Stellen Sie sicher, dass die neue Organisation dauerhaft nach ähnlichen Maßstäben und Prinzipien geführt wird wie lokale Organisationen. Dazu zählen Prozessschritte wie Talent-Management, Recruiting und Performance-Management. Eine gemeinsame Kultur zu etablieren, ist kein Vorhaben von kurzer Dauer. Verlieren Sie deshalb nicht den Fokus auf die gemeinsame Kultur, sondern festigen Sie diese. Die Entwicklung eines Global-Leadership-Prozesses erlaubt es Führungskräften, globale Herausforderungen gezielt zu bearbeiten und dabei interkulturelle Teams effektiv zu führen und die Globalisierung ihres Unternehmens strategisch zu steuern.

» Dieser Prozess ist essenziell für den langfristigen Erfolg auf globaler Ebene, weshalb er ein integraler Bestandteil jeder Globalisierungsstrategie sein sollte.

5.2.6 Transformational-Leadership

Kern des Transformational-Leaderships ist die Führung durch Vision, Inspiration und Motivation, um tiefgreifende Veränderungen zu erzielen. Veränderungen, die im Rahmen einer Globalisierung notwendig sind.

Legen Sie mit der Vision und den Zielen die Basis, indem Sie bereits in der Phase der Strategie Ihre Vision entwickeln und diese mit der Vision des Unternehmens abstimmen. Haben Sie Ihr globales Team strukturiert und sind Sie in der Phase der Transformation angekommen, diskutieren Sie diese Vision mit Ihrem Team. Lassen Sie eine geringfügige Veränderung zu, wenn Ihr globales Team berechtigte Einwände hat. Das Gefühl der persönlichen Verpflichtung eines Mitarbeiters ist höher, wenn er an der Formulierung der Vision beteiligt war und sich in der Vision wiederfindet.

Sorgen Sie dafür, dass die Vision nicht in den zahlreichen Unterlagen und digitalen Ordnern verschwindet, sondern halten Sie sie stets präsent, indem Sie bei gemeinsamen Besprechungen oder Einzelsitzungen immer wieder darauf verweisen. Nutzen Sie dies als Überleitung zu den formulierten Zielen.

Denken Sie immer daran, dass Sie durch Ihre Vorbildwirkung führen – Lead by Example.

Berücksichtigen Sie aus diesem Grund Folgendes:

- **Werte und Erwartungen klären:** Kommunizieren Sie klar und deutlich die Werte, Grundsätze und Erwartungen, die Ihren Führungsansatz und Sie persönlich leiten. Wenn Teammitglieder verstehen, was von ihnen erwartet wird, sind sie besser in der Lage, ihr Handeln an den Zielen der Organisation auszurichten.
- **Seien Sie sichtbar und ansprechbar:** Bemühen Sie sich, für Ihre Teammitglieder präsent und erreichbar zu sein. Klären Sie die Erreichbarkeit vor allem für Ihr globales Team. Vermitteln Sie beispielsweise klar, über welches Kommunikationsmedium Sie generell erreichbar sind und welches Medium für dringliche Kommunikation verwendet werden soll. Führen Sie regelmäßige Einzelgespräche, Teamsitzungen und informelle Interaktionen durch, um eine offene Kommunikation und Verbindung zu fördern.
- **Von Anfang an führen:** Zeigen Sie die Bereitschaft, im richtigen Moment auch selbst aktiv im Projekt mitzuarbeiten. Zeigen Sie Ihrem Team, dass Sie sich nicht scheuen, Herausforderungen anzunehmen und in Ihren gemeinsamen Erfolg zu investieren. Verwechseln Sie dabei jedoch nicht Demut mit der Übernahme von Aufgaben, die nicht in Ihrem Verantwortungsbereich liegen. Sie sind Global-Leader und alle im Team haben ihre Aufgaben und Verantwortungen.
- **Fragen Sie nach Feedback und reagieren Sie darauf:** Ermutigen Sie Ihre Teammitglieder zu Feedback und hören Sie sich ihre Sichtweisen aktiv an. Integrieren Sie das Feedback in Ihren wöchentlichen Selbstreflexionstermin.

- **Erfolge anerkennen und würdigen:** Erkennen Sie die Leistungen und Beiträge Ihrer Teammitglieder an und würdigen Sie diese. Wenn Sie Ihre Wertschätzung zum Ausdruck bringen, fördern Sie ein positives Arbeitsumfeld und verstärken die gewünschten Verhaltensweisen.
- **Fehler zugeben und daraus lernen:** Zeigen Sie Demut, indem Sie Ihre Fehler zugeben und die Verantwortung für diese übernehmen. Nutzen Sie Rückschläge als Lernchance und zeigen Sie Widerstandskraft bei der Überwindung von Hindernissen. Damit fördern Sie die Entwicklung einer Fehlerkultur im Team.

Transformational-Leadership ist vor allem zu Beginn deutlich zeitintensiver als das klassische Command&Control (Befehlen & Steuern). Planen Sie diese Zeit bereits in Ihrer Strategie ein. Nutzen Sie Ihre Organisation, um entsprechend auch Aufgaben zu verteilen, damit Sie über ausreichende zeitliche Kapazitäten verfügen. Wenn es jedoch aufgrund diverser Umstände für eine gewisse Zeit notwendig wird, über Command&Control zu führen, machen Sie diesen Umstand deutlich und besprechen Sie, wie Sie für diese begrenzte Zeit führen werden.

Die Förderung der intellektuellen Stimulation innerhalb des Teams ist ein weiterer wichtiger Aspekt. Ermutigen Sie zur Innovation und Kreativität, indem Sie den Status quo infrage stellen und neue Ideen willkommen heißen. Wenn man den Teammitgliedern die Möglichkeit gibt, Probleme zu lösen und kritisch zu denken, während man ihnen gleichzeitig Anleitung und Unterstützung bietet, trägt man zur intellektuellen Entwicklung bei. Die Anerkennung und Wertschätzung der einzigartigen Stärken und Bedürfnisse jedes Teammitglieds ist die Grundlage für eine individuelle Betreuung.

Transformative Führung lebt davon, dass sich Mitarbeiter entwickeln und eigenständig immer mehr Verantwortung übernehmen. Dabei geht es in der Führung weniger um klassische Weiterbildungsmaßnahmen wie Trainings oder Seminare, sondern um die Haltung der Führung selbst. Es ist ein Unterschied, ob Sie Ihren Mitarbeitern die Lösung für Probleme anbieten oder um Lösungen fragen. Um die Komplexität des Global-Leaderships zu reduzieren, tendieren Führungskräfte dazu, auftretende Probleme in Schubladen zu kategorisieren, weil sie sich davon versprechen, in der jeweiligen Schublade auch die passende Lösung zum Problem zu finden. Das Schubladendenken sorgt jedoch dafür, dass

1. wir die Ursache des Problems nicht ausreichend ergründen,
2. die Wahrscheinlichkeit der Lösung geringer ist,
3. wir dem Mitarbeiter wenig Chance geben, selbst eine passende Lösung zu entwickeln.

Im globalen Kontext ist es jedoch unabdingbar, dass wir unsere globalen Mitarbeiter in die Lösungsfindung tief einbeziehen. Je nach Problem kennen diese die Umstände und Ursachen eventuell besser als Sie als Global-Leader. Nutzen Sie dieses Potenzial.

All diese Elemente – die Vision, die gemeinsamen Werte, die Entwicklung der Mitarbeiter usw. – führen dazu, dass Sie eine Teamkultur entwickeln und damit eine interkulturelle Brücke für Ihr Team bauen. Nutzen Sie diese Chance!

5.3   Verschiedene Entwicklungsmöglichkeiten

Christian Pobbig, Founder & CEO Beyond Chiefs, Global Executive Search

„Die Entwicklung hin zu einem Global-Leader ist stark geprägt von Erfahrungswerten. Wie bereits der Founder eines großen Software-Unternehmens es bereits formulierte: „Specific knowledge can't be taught" („Spezifisches Wissen kann nicht gelehrt werden"). Damit muss man Global-Leadership auch selbst erlebt haben, um sich weiterzuentwickeln. Beschleunigen kann man diesen Prozess durch einen erfahrenen Mentor. Einem erfahrenen Global-Leader. Ähnlich, wie wenn man den Mount Everest besteigen möchte. Man wird sich auch in dieser Situation an Menschen wenden, die diese enorme Herausforderung bereits erfolgreich gemeistert haben."

Das Buch hat Ihnen bis hierhin einen Überblick über die Komplexität eines Global-Leaders geboten. Sie haben gelernt, wie man die einzelnen Elemente im System Global-Leadership entwickelt, wie Sie sich selbst weiterentwickeln und wie Sie das GLM in Ihrer Praxis anwenden können. Während das Buch für viele ausreichend sein mag, ist es für andere ein Anstoß, sich noch tiefer mit der Thematik des Global-Leaderships auseinanderzusetzen. Wiederum andere erkennen, dass es beim Global-Leadership oft Jahre braucht, bis man sich zum erfolgreichen Global-Leader entwickelt hat. Wissensaufbau und kontinuierliche Anwendung sind hier entscheidend.

Mir ist es wichtig, dass sich jeder Leser zum Global-Leader entwickeln kann und wird. Deshalb möchte ich Ihnen zum Ende des Kapitels auch noch weitere Möglichkeiten vorstellen, damit Sie Ihre Fähigkeiten in diesem äußerst spannenden Bereich verbessern können:

Trainings und Seminare

Diese stellen die vermutlich häufigste Form der Weiterbildung im Bereich des Global-Leaderships dar. Es gibt wenige lokale, aber zahlreiche überregionale und internationale Anbieter in diesem Bereich. Achten Sie bei diesen Programmen darauf, dass die Inhalte (Vision und Strategie) Ihres Unternehmens auch Teil dieser Programme sind. Unternehmen betrachten Trainings in diesem Bereich häufig kritisch, da kein direkter finanzieller Mehrwert ermittelt werden kann. Ähnlich verhält es sich beim Coaching. Dabei ist jedoch zu berücksichtigen, dass eine fehlgeschlagene oder zumindest fehlerbehaftete Globalisierung ein Vielfaches dessen kostet, was man zuvor für Trainings und Coachings aufgewendet hätte. Ein Argument für Ihre nächste Verhandlung mit Ihrer Geschäftsführung.

Coaching

Die Verbindung eines Trainings oder auch des Buches mit einem Coaching ist eine hervorragende Kombination. Hierbei kombinieren Sie Inhalte mit der laufenden Unterstützung eines Coaches. Die Entwicklung hin zu einem Global-Leader ist ein langwieriger Prozess und verläuft in der Regel nicht linear, da Sie auf Herausforderungen stoßen werden. Ein Coach kann Ihnen dabei helfen, diese Herausforderungen zu meistern.

Transfer

Der Transfer ins Ausland für mindestens sechs Monate ist die effektivste Methode, Global-Leadership-Kompetenzen zu entwickeln – wenn auch die intensivste und bestimmt nicht für jede Führungskraft umsetzbar.

Wenn Sie jedoch die Chance dazu haben und Ihr persönliches Umfeld Sie dabei unterstützt, sollten Sie diese nutzen. Durch keine andere Methode werden Sie so rasch die Kultur eines Landes kennenlernen.

Projekte

Ist Ihr Unternehmen bereits global tätig, halten Sie nach Projekten Ausschau, die einen globalen Charakter haben. Das können Kundenprojekte sein oder Veränderungsprojekte im Unternehmen. Bedenken Sie, dass man nicht CEO eines Konzerns sein muss oder der Vice President Global Manufacturing mit Tausenden Mitarbeitern global. Auch ein Projektmanager, der internationale Projekte führt, benötigt Global-Leadership-Kompetenzen. Bewerben Sie sich gezielt dafür. In manchen Fällen sind diese Projekte auch neben der eigentlichen Aufgabe im Unternehmen umsetzbar. Sie werden als Teil eines Teams und meist einer bereits etablierten globalen Organisation von anderen im Team lernen und dabei zeitgleich Ihr Wissen aus diesem Buch anwenden können.

Teams

Immer wieder gibt es in Unternehmen global wirkende Initiativen – entweder in Form von Projekten oder von internen Programmen. Stellen Sie sich ein globales Expertennetzwerk in einem Unternehmen vor: Dabei wählt das Unternehmen interne Experten für ein spezifisches Thema aus und stellt die Expertise allen verbundenen Unternehmen global zur Verfügung. Alternativ dazu gibt es auch sogenannte Ambassador-Programme. Dabei handelt es sich um Befürworter, die die Vision und Kultur des Unternehmens global vermitteln sollen, was häufig von HR-Abteilungen initiiert wird. Halten Sie Ausschau nach solchen Programmen und melden Sie sich aktiv. Sie bekommen damit die Chance, meist neben Ihrem eigentlichen Aufgabengebiet global tätig zu werden und zu lernen.

Dienstreisen

Etliche Führungskräfte können von sich behaupten, schon in vielen Ländern dieser Erde gewesen zu sein. Im Detail nachgefragt, waren Sie jedoch ausschließlich auf Flughäfen, in Bürogebäuden und in Hotels. Nutzen Sie die Möglichkeiten, die eine Dienstreise bietet. Gehen Sie raus, treten Sie mit Menschen in Kontakt, besuchen Sie die Stadt und die Umgebung, in der Sie sind. Bauen Sie eine Beziehung mit einem Kollegen auf und nutzen Sie die Chance privater Aktivitäten. Alles trägt zum Wissen über die Kultur bei.

Die Form der Entwicklung wird in der Regel auch von Ihrer aktuellen Karrierestufe abhängen. Während für Geschäftsführer, C-Level- und Senior-Führungskräfte ein spezielles Trainingsprogramm entwickelt werden kann, wird man als Projektmanager Alternativen nutzen. Sehen Sie deshalb auch die Möglichkeiten immer in Bezug auf Ihre aktuelle Situation.

5.4   Beginn der Transformation

Das letzte Kapitel schließt mit dem Aufruf an Sie, mit der Transformation zu beginnen – zunächst mithilfe der vorgestellten Modelle, dann in der Anwendung im Rahmen des GLM.

Wenn Sie an dieser Stelle die Selbstanalyse noch nicht durchgeführt haben, machen Sie dies jetzt. Entweder direkt im Buch oder online unter https://www.global-fuehren.com. Definieren Sie auf der Basis ein Ziel und entwickeln Sie für sich einen Plan. Nutzen Sie dabei die Idee der wöchentlichen Selbstreflexionssitzungen, um den Fortschritt zu verfolgen.

Zum Abschluss noch ein Gedanke – und ich darf Ihnen dazu ein weiteres Modell an die Hand geben, das bereits viele Menschen in der Praxis in ihrer Entwicklung unterstützt hat.

Simon Sinek ist der Autor mehrerer Bestseller zum Thema Führung. „Start With Why: How Great Leaders Inspire Everyone to Take Action" (2011) ist eines seiner bekanntesten Werke. Darin stellt Sinek das Modell des „Golden Circles" vor. Dieser besteht aus 3 Kreisen, wobei der innere Kreis für das „Warum" steht, der mittlere für das „Wie" und der äußere symbolisiert das „Was". Sineks Modell ist ein Versuch, zu erklären, warum manche Menschen und Organisationen besonders verstärkt in der Lage sind, andere zu inspirieren und sich erfolgreich zu differenzieren. Die neurowissenschaftliche Grundlage ist hier eindeutig und beschreibt, dass Menschen dann am besten reagieren, wenn Botschaften mit jenen Teilen des Gehirns kommunizieren, die Emotionen, Verhalten und Entscheidungsfindung steuern. In der Regel starten viele Menschen und Organisationen jedoch mit dem „Was", also mit der Frage, was wir gemessen an den Zielen alles erreichen wollen. Erst dann erklären wir das „Wie" und das „Warum" ist die Konsequenz daraus. Sinek erklärt, dass das „Warum" jedoch wahrscheinlich die wichtigste Botschaft ist, die eine Organisation oder eine Person vermitteln kann, da sie andere zum Handeln inspiriert. Mit dem „Warum" erklären Sie Ihren Zweck und den Grund, warum Sie existieren und sich so verhalten, wie Sie es tun. Die erfolgreiche Vermittlung der Leidenschaft hinter dem „Warum" stellt eine Möglichkeit dar, mit dem limbischen Gehirn des Zuhörers zu kommunizieren, also mit jenem Teil unserer Anatomie, der für Gefühle wie Vertrauen und Loyalität sowie für die Entscheidungsfindung zuständig ist. Finden Sie also für sich Ihr „Warum". Viele Möglichkeiten des „Wie" habe ich Ihnen in dem Buch aufgezeigt. Mit der Kombination aus Ihrem „Warum" und dem „Wie" können Sie Ihre Ziele, das „Was", definieren und damit auch erreichen. [5]

> Sich zu einem Global-Leader zu entwickeln, ist immer ein Prozess und genau genommen auch eine lebenslange Reise, die kein definiertes Ende hat.

Starten Sie jedoch damit, dass Sie andere Kulturen studieren, um auf diese Weise Wissen zu erlangen. Setzen Sie dieses Wissen daraufhin um. Dazu muss es nicht immer der berufliche Kontext sein, denn Global-Leader sind neugierig und wollen auch im Urlaub mehr über die Kultur des jeweiligen Landes erfahren. Sie lernen durch Erfahrung und Erfahrung in Bezug auf Kultur differenziert nicht zwischen Beruflichem und Privatem.

Abschließend noch ein paar Tipps, um die Neugier in Ihnen zu wecken:

- Stellen Sie Fragen. Stellen Sie kluge Fragen. Stellen Sie mehr Fragen, als Sie Antworten liefern.
- Akzeptieren Sie den Status quo nicht, sondern hinterfragen Sie diesen.
- Gehen Sie raus. Nicht nur physisch, sondern auch mental. Verlassen Sie gedanklich auch Ihr Unternehmen und betrachten Sie die gesamte Branche und darüber hinaus.
- Suchen Sie aktiv nach neuen Möglichkeiten, um Erfahrungen zu sammeln.
- Umgeben Sie sich mit Menschen, die eine ähnliche Neugierde haben.

Das Wichtigste aber ist: Nehmen Sie das Ruder nun selbst in die Hand. Man darf sich nicht darauf verlassen, dass das Unternehmen für Sie ein entsprechendes Trainingsprogramm installiert. Karrieren werden heute geschmiedet und der Schmid ist man in der Regel selbst. Erfahrene Führungskräfte werden das vielleicht schon kennen, andere vermutlich nicht. Werden Sie selbst aktiv. Mit dem Buch haben Sie schon den ersten Schritt dazu getan. Wenn Sie auch bereits ihr „Warum" gefunden haben, darf ich Ihnen an der Stelle dazu gratulieren

> Machen Sie die Selbstanalyse in einem halben Jahr noch einmal und freuen Sie sich über Ihren Fortschritt. Ich wünsche Ihnen viel Spaß und Erfolg auf der spannenden Reise des Global-Leaderships.

Literatur

1. Dweck C (2007) Mindset: The New Psychology of Success. Random House Publishing Group, New York
2. Brown R (2013) The Influental Leader. Independently Published
3. Morse G (2006) Decisions and Desire. Havard Business Review. https://hbr.org/2006/01/decisions-and-desire. Zugegriffen: 21. August 2024
4. MacLaren et al. (2020) Testing the babble hypothesis: Speaking time predicts leader emergence in small groups. The Leadership Quarterly 31(5). https://doi.org/10.1016/j.leaqua.2020.101409
5. Sinek S (2011) Start with why. Penguin Group, New York

6

Selbstanalyse

Zusammenfassung Global-Leadership erfordert eine Vielzahl von Fähigkeiten, Kompetenzen und Einstellungen, um in einer zunehmend vernetzten und komplexen Welt erfolgreich zu sein. Selbstreflexion ist dabei ein entscheidender Schritt, um die eigenen Stärken zu erkennen und Entwicklungsfelder zu identifizieren. Die folgende Selbstanalyse bietet Ihnen die Möglichkeit, Ihre persönliche Eignung und Bereitschaft als Global-Leader zu bewerten.

Diese soll Ihnen dabei helfen, ein tieferes Verständnis Ihrer eigenen Denk- und Verhaltensmuster zu erlangen und bewusster mit den Anforderungen einer globalisierten Arbeitswelt umzugehen.

Es geht nicht darum, in allen Bereichen perfekt zu sein, sondern darum, sich selbst besser kennenzulernen und gezielt an den Bereichen zu arbeiten, in denen Sie Wachstumspotenzial sehen. Nutzen Sie diese Gelegenheit, um Ihren persönlichen Entwicklungsweg als Global-Leader zu starten. Die Interpretation des Ergebnisses finden Sie in Abschn. 3.2.1.

Tab. 6.1

Tab. 6.1 Selbstanalyse. (Quelle: eigene Darstellung)

	1 Trifft überhaupt nicht zu	2 Trifft nicht zu	3 Trifft zu	4 Trifft häufig zu	5 Trifft voll und ganz zu
Ich sehe Veränderung als Chance, nicht als Problem.					
Grundlegende Dinge über die Art von Mensch, die man ist, kann man immer ändern.					
Ich schätze es, wenn Freunde und Kollegen mir ein Feedback zu meiner Leistung geben.					
Ich bin ein optimistischer Mensch und habe das Potenzial, meine Ziele zu erreichen.					
Das Wissen um andere Kulturen bereichert mich als Person.					
Ich interessiere mich für Trends und informiere mich darüber.					
Ich kenne die Entwicklungen meiner Branche im lokalen und, wo notwendig, im globalen Kontext.					
Ich kenne Modelle, die Kulturen beschreiben (Erin Meyer, Geert Hofstede als Beispiele).					
Ich kenne und nutze zukünftige Chancen.					
Ich schaffe ein Netzwerk, das mir hilft, Dinge zu erledigen.					
Ich schaffe ein Umfeld, in dem sich Menschen auf das große Ganze konzentrieren können und vermeide Suboptimierungen und Revierdenken.					

(Fortsetzung)

Tab. 6.1 (Fortsetzung)

	1 Trifft überhaupt nicht zu	2 Trifft nicht zu	3 Trifft zu	4 Trifft häufig zu	5 Trifft voll und ganz zu
Ich habe eine klare Vision für meine Organisation und kommuniziere diese regelmäßig.					
Ich entwickle eine effektive Strategie, um meine Vision zu erreichen.					
Wenn ich eine schwierige Zeit durchmache, ziehe ich mehrere Perspektiven und Optionen in Betracht.					
Ich vertraue mir selbst, meiner Intuition und meinen Fähigkeiten.					
Ich glaube, dass ich meine Lebenssituation beeinflussen kann und nicht ein Opfer der Umstände bin.					
Ich habe Vertrauen in andere und kann mich auf ihre Unterstützung verlassen, wenn ich sie brauche.					
Ich kann komplexe Ideen und Konzepte klar und verständlich vermitteln, unabhängig von der kulturellen oder sprachlichen Herkunft meines Gegenübers.					
Ich kann konstruktives Feedback geben, das respektvoll und hilfreich ist.					
Ich kann Missverständnisse und Konflikte durch effektive Kommunikation lösen.					
Ich bin in der Lage, durch meine Kommunikation Begeisterung und Engagement in meinem Team zu wecken.					
Ich passe meine Kommunikation je nach Zielgruppe und Kontext an.					

(Fortsetzung)

Tab. 6.1 (Fortsetzung)

	1 Trifft überhaupt nicht zu	2 Trifft nicht zu	3 Trifft zu	4 Trifft häufig zu	5 Trifft voll und ganz zu
Ich bin mir meiner eigenen Kommunikationsstärken und -schwächen bewusst.					
Ich erweitere aktiv mein Wissen über andere Kulturen durch Interaktionen, Studium, Reisen und Erfahrungen.					
Ich bin mir den Eigenschaften, Normen und Werten meiner eigenen Kultur bewusst und rede aktiv darüber.					
Ich passe mein Verhalten in anderen Kulturen an.					
Ich führe intensive Gespräche mit Menschen aus anderen Kulturen über deren Kultur.					
Ich baue tiefe Beziehungen zu Menschen aus anderen Kulturen auf, unabhängig davon, ob privat oder beruflich.					
Ich stelle sicher, dass ich die höchsten Standards für ethisches Verhalten in meiner gesamten Organisation praktiziere.					
Ich vermeide politisches oder eigennütziges Verhalten.					
Ich stehe mutig für das ein, woran ich glaube.					
Ich bin ein Vorbild für das Leben unserer Organisationswerte.					
Ich kenne meine eigenen Werte und Prinzipien, kann diese formulieren und stehe dazu.					

(Fortsetzung)

Tab. 6.1 (Fortsetzung)

	1 Trifft überhaupt nicht zu	2 Trifft nicht zu	3 Trifft zu	4 Trifft häufig zu	5 Trifft voll und ganz zu
Der Erfolg des Teams ist mir wichtiger als mein persönlicher Erfolg.					
Ich kenne meine Wissenslücken und gebe diese offen zu.					
Ich investiere kontinuierlich in meine persönliche Entwicklung.					
Ich arbeite gern an neuen Aufgaben.					
Ich stelle viele Fragen.					
Ich will verstehen, wie Dinge funktionieren.					
Ich vertraue meinen direkten Mitarbeitern bedingungslos.					
Ich spreche ausdrücklich über die Bedeutung von Vertrauen mit den Menschen in der Organisation.					
Ich schätze den Wert der Vielfalt bei Menschen, einschließlich ihrer Kultur, Ethnizität, ihres Geschlechts, ihrer Generationen, ihrer Persönlichkeit und ihrer Denkstile.					
Ich analysiere meine Fähigkeit, Menschen aus verschiedenen Kulturen, Ethnien, Geschlechtern, Generationen, Persönlichkeiten und Denkstilen effektiv zu motivieren.					
Ich erkenne den Wert unterschiedlicher Ansichten und Meinungen.					
Ich verstehe meine eigenen Stärken und Schwächen tiefgehend.					

(Fortsetzung)

Tab. 6.1 (Fortsetzung)

	1 Trifft überhaupt nicht zu	2 Trifft nicht zu	3 Trifft zu	4 Trifft häufig zu	5 Trifft voll und ganz zu
Ich entwickle Ideen, um den Anforderungen der neuen Umgebung gerecht zu werden.					
In unklaren Situationen zeige ich Flexibilität, wenn nötig.					
Ich treffe gern neue Menschen.					
Ich kann emotionale Signale wahrnehmen und darauf reagieren, selbst wenn sie anders ausgedrückt werden als in meiner eigenen Kultur.					
Ich spüre und fühle die Gefühle meines Gegenübers.					
Ich bringe meine Gefühle kontrolliert zum Ausdruck, wenn eine Person mir ihre Sorgen mitteilt.					
Ich demonstriere Selbstvertrauen als Führungskraft.					
Ich bin mir der interkulturellen Situation im Team bewusst und sehe dies in der Führung als Stärke.					
Ich interessiere mich für den Menschen in meinen Mitarbeitern. Dieses Interesse bringe ich regelmäßig zum Ausdruck.					
Ich halte Augenkontakt in Gesprächen, achte auf Körpersprache und stelle Fragen zum Gesagten.					
Ich wäge stets ab, welches Kommunikationsmedium (persönliches Gespräch, E-Mail, Messenger) in der jeweiligen Situation angebracht ist.					

(Fortsetzung)

Tab. 6.1 (Fortsetzung)

	1 Trifft überhaupt nicht zu	2 Trifft nicht zu	3 Trifft zu	4 Trifft häufig zu	5 Trifft voll und ganz zu
Ich baue Beziehungen aktiv auf und pflege diese strukturiert (regelmäßiger Kontakt, echtes Interesse, intensiver Austausch).					
Ich erkenne die Auswirkungen der Globalisierung auf unser Unternehmen.					
Ich strebe danach, den Bezugsrahmen wie Kultur und Herkunft der anderen Person zu verstehen.					
In der Arbeit mit meinem Team betrachte ich Situationen häufig aus verschiedenen Perspektiven.					
Ich kenne die Strategie, die Schritte und den Prozess der Globalisierung in unserem Unternehmen.					
Führungsrelevante Themen sollten in einem eigenen Globalisierungsführungsprozess dargestellt werden.					
Ich inspiriere Menschen, sich auf zukünftige Chancen zu konzentrieren anstatt nur auf gegenwärtige Ziele.					
Ich ermutige mein Team zu Kreativität und Innovation.					
Ich behandle Menschen konsequent mit Respekt und Würde.					
Ich stelle sicher, dass die Menschen das erhalten, was sie zum Erfolg benötigen.					
Ich gebe rechtzeitig Entwicklungsfeedback.					

(Fortsetzung)

Tab. 6.1 (Fortsetzung)

	1 Trifft überhaupt nicht zu	2 Trifft nicht zu	3 Trifft zu	4 Trifft häufig zu	5 Trifft voll und ganz zu
Ich gebe den Menschen die Freiheit, die sie brauchen, um ihre Arbeit gut zu machen.					
Ich vertraue den Menschen genug, um loszulassen und Mikromanagement zu vermeiden.					
Ich ermutige mich selbst, den Status quo herauszufordern.					
Ich beziehe Menschen effektiv in die Entscheidungsfindung ein.					
Ich bin mir meiner Vorbildwirkung bewusst und führe aktiv durch Vorbildwirkung.					
Spaltensumme					
Gesamtsumme					

Stichwortverzeichnis

© Der/die Herausgeber bzw. der/die Autor(en), exklusiv lizenziert an Springer-Verlag **151**
GmbH, DE, ein Teil von Springer Nature 2025
M. Hofer, *Global-Leadership*, https://doi.org/10.1007/978-3-662-70572-8

The manufacturer's authorised representative in the EU is Springer
Nature Customer Service Centre GmbH, Europaplatz 3, 69115 Heidelberg,
Germany. If you have any concerns regarding our products, please
contact ProductSafety@springernature.com

Printed and bound by CPI Group (UK) Ltd, Croydon, CR0 4YY
28/04/2026
02098538-0017